सृजन-साधना

वाणी प्रकाशन
नयी दिल्ली-110002

सृजन-साधना

ईशान महेश

ISBN 81-7055-383-0

वाणी प्रकाशन
21-ए, दरियागंज, नयी दिल्ली-110002
द्वारा प्रकाशित

प्रथम संस्करण : 1995

मूल्य : 95.00 रुपये

बुकमैन, दिल्ली-92 द्वारा कम्पोज

मेहरा ऑफसेट, नयी दिल्ली-110002
द्वारा मुद्रित

SRIJAN -SADHNA
Ishan Mahesh

अपनी पत्नी

चित्रकार

बिन्दु पोपली

और

शोधार्थियों

के लिए...

भूमिका

डॉ० नरेन्द्र कोहली हिन्दी-साहित्य में अपना विशिष्ट स्थान रखते हैं। विगत तीस-पैंतीस वर्षों में उन्होंने जो कुछ लिखा है वह नया होने के साथ मिथकीय दृष्टि से नई जमीन तोड़ने जैसा है। रामायण और महाभारत की पुरा कथा को आधुनिक भाव-बोध के साथ जोड़कर कोहली ने जो लिखा है वह मात्र उपन्यास न होकर वर्तमान समाज को पुरातन के परिदृश्य में देखने जैसा है। स्वामी विवेकानंद के जीवन और कृतित्व पर आधृत उनका वृहद् उपन्यास भी जीवन-दर्शन परक एक महत्त्वपूर्ण कृति है। कोहली ने व्यंग्य, नाटक, समीक्षा और कहानी के क्षेत्र में भी अपनी मौलिक प्रतिभा का परिचय दिया है। मानवीय संवेदना का पारखी नरेन्द्र कोहली वर्तमान युग का प्रतिभाशाली वरिष्ठ साहित्यकार है।

—विजयेन्द्र स्नातक

23.2.1994

मेरे मन की बात

महत्त्वपूर्ण साहित्यकारों पर अनेक शोधार्थी शोध करते हैं। अपने शोध-प्रबंध में वे उनके व्यक्तित्व और कृतित्व की भी चर्चा करते हैं। कृतित्व तो उन्हें सहज उपलब्ध हो जाता है किंतु व्यक्तित्व के नाम पर वे केवल कुछ प्रामाणिक तिथियों का उल्लेख भर कर देते हैं। ...किंतु यह पर्याप्त नहीं है। व्यक्तित्व पर प्रकाश डालने के लिए, व्यक्ति विशेष के साथ जीना होता है, उसके निकट रहना होता है और उसकी गतिविधियों से जुड़ना पड़ता है। तब कहीं जाकर तैयार होता है—व्यक्तित्व।

ऐसा नहीं है कि इस प्रकार देखा गया व्यक्तित्व, अपने आप में संपूर्ण चित्र हो, वरन् वह तो व्यक्ति विशेष का अपना दृष्टिकोण ही होता है। कहा जाएगा अमुक व्यक्ति ने, व्यक्ति विशेष को इस रूप में देखा।

'सृजन-साधना' डॉ० नरेन्द्र कोहली और मेरे संबंधों की नौ वर्षों की यात्रा है। यह सब मेरी दृष्टि से देखा गया है। दृष्टि के मूल में मेरी अपनी भावना है। मेरी भावना परंपरा-मुक्त नहीं है। श्रद्धा और भक्ति मेरे व्यक्तित्व के अनिवार्य तत्व हैं। इससे मुझे इंकार नहीं है। इन्हें देखने का मेरा दृष्टिकोण भारत की गुरु-शिष्य-परंपरा से परिचालित है। प्रयत्न है कि तटस्थ रहूँ, किंतु मेरा मन श्रद्धाहीन नहीं होता इसलिए जो कुछ भी 'सृजन-साधना' में है—वह श्रद्धाविहीन नहीं है। सपाट-बयानी मेरा शिल्प है। मेरे शब्द छिपाते नहीं हैं, बताते हैं, उद्घाटित करते हैं, प्रमाण देते हैं।

मैं यह दावा नहीं करता कि डॉ० नरेन्द्र कोहली का यही संपूर्ण और वास्तविक स्वरूप है, या यह उनकी रचनाओं का अंतिम मूल्यांकन है। मैं तो मात्र इतना ही कहना चाह रहा हूँ कि मेरी दृष्टि ने उनका कौन-सा रूप देखा है।

—ईशान महेश

"तुम सब इतने अनपढ़ क्यों हो?"

मेरी ज्ञान-गरिमा आहत हुई, स्वयं को रोक नहीं पाया। मेरा अहंकार रुष्ट होकर बोला, "बारहवीं तक जितनी पुस्तकें हमारे पाठ्यक्रम में थीं, वे हमने पढ़ीं, उससे अधिक क्या करते?"

"बारहवीं की पुस्तकों तक ही तो संसार का ज्ञान सीमित नहीं है।" वे बोले, "कुछ अतिरिक्त भी तो पढ़ना चाहिए।"

"संसार में लाखों पुस्तकें हैं। हम उन सब को कैसे पढ़ सकते हैं?" अजाने ही मेरी असुविधा फन काढ़कर खड़ी हो गई, "पुस्तकें कितनी महँगी होती हैं, आप जानते हैं?"

वे कुछ क्षण मौन रहे; लगा क्रुद्ध नहीं हैं; किंतु भौंचक अवश्य रह गए हैं।

मेरे शरीर का निरीक्षण-सा करते हुए बोले, "तुमने जो जूता पहन रखा है; और यह जो घड़ी बाँधी हुई है—क्या ये चीज़ें सस्ती हैं?"

"जूता और घड़ी तो जरूरी चीज़ें हैं।" मैंने उत्तर दिया।

"जितनी आवश्यकता तुम उनकी अनुभव करते हो, उतनी आवश्यकता जिस दिन पुस्तकों की अनुभव करने लगोगे, उस दिन वे भी तुम्हें सस्ती लगने लगेंगी। प्रश्न है तुम्हारी दृष्टि की प्राथमिकता का।" वे रुके, "मेरी इच्छा है कि छात्र पुस्तकों से प्रेम करें। इसलिए तुम्हें अधिक-से-अधिक पुस्तकें खरीदनी चाहिए। पुस्तकें तुम्हें धन से अधिक प्रिय होनी चाहिए। हाँ! किसी की आर्थिक स्थिति अच्छी नहीं है तो उसकी सहायता के लिए पुस्तकालय तथा अन्य साधन हैं।"

वे चले गए।

...पुस्तकें, जूतों से अधिक महत्वपूर्ण हैं। ...कैसा मूर्ख हूँ मैं। आज तक जूतों को पुस्तकों से अधिक महत्व देता रहा। कभी सोचा ही नहीं, सस्ता जूता खरीद, पैसा बचाए जा सकते हैं। उनसे पुस्तक खरीदी जा सकती है। हमारी आवश्यकता

क्या है? अधिक-से-अधिक पढ़ाई। अधिक पढ़ने से ज्ञान में वृद्धि होती है। अच्छे जूते पहनने से क्या होता है? उन्होंने कहा था, "तुम हिन्दी-साहित्य के विद्यार्थी हो। और साहित्य का विद्यार्थी मेधावी होना चाहिए। वह गंभीर व्यक्ति होता है, जो बाहरी तामझाम से कहीं अधिक अपने मन और आत्मा के विकास का इच्छुक होता है..."

• • •

कितनी भीड़ है इन बरामदों में। कॉलेज न हो कोई मेला हो। 1985 का मोतीलाल नेहरू कॉलेज। इतना छोटा भवन और इतने छात्र।

मैं और हेमंत, अपनी कक्षा की ओर बढ़ रहे थे। आगे-आगे पाँच-सात लड़के ऊँचे स्वर में बोलते-बतियाते, ट्राँजिस्टर की कमेंटरी सुनते हुए चले जा रहे थे। एक ने सिगरेट भी सुलगा रखी थी, जो क्रमशः सभी की अंगुलियों में घूम रही थी। सामने से कल वाले अध्यापक आ रहे थे। अनजाने ही मैं कुछ सहम-सा गया।

वे उन लड़कों के पास आकर रुके, "ट्राँजिस्टर बंद करो। कॉलेज है या मेला!"

लड़कों ने 'सॉरी सर' कह कर ट्राँजिस्टर बंद कर दिया।

वे आगे बढ़ गए। लड़कों ने ट्राँजिस्टर फिर चला दिया। मुट्ठी में छिपी सिगरेट भी प्रकट हो गई।

"इस बंदे की टोकने की आदत कभी नहीं जा सकती।" एक ने कहा।

"सारे देश को सुधारने का ठेका इसी के पास है।" दूसरे ने वितृष्णा से कहा।

"तीन-चार दिन पहल मुझे रोक कर बोला, कमीज़ के बटन बंद करो।" तीसरे ने सिगरेट हवा में उछाल दी।

"पता नहीं इसे क्या मिलता है?" चौथे ने कुछ खीज कर कहा।

"पर यह है कौन?" पाँचवें ने पूछा।

"यह? कोहली है! डॉ० नरेन्द्र कोहली।" पहले लड़के ने अपने स्वर में तनिक भी सम्मान लाए बिना कहा। संयोग ही था कि कक्षा में भी डॉ० कोहली की ही चर्चा हो रही थी।

"कुछ भी कह यार, अगला टाइम पर क्लास में आ जाता है।"

"अबे उस दिन मुझे लैक्चर पिलाने लगा कि बिना पुस्तकों के कॉलेज में

आने का क्या लाभ?''

''और तुझे यह भी तो कह रहा था कि यदि पुस्तकें खरीदने के लिए रुपये नहीं हों तो मुझसे ले लो।''

''मुझे तो सबसे ज्यादा अच्छा वह पोज़ लगता है, जब ग्राउंड में लड़के खेलते हुए इतना शोर मचाते हैं कि उसे जो पढ़ाना होता है, वह उसे भूल जाता है और उस शोर से पागल हो उठता है।''

''अबे कुछ भी कह, पर पढ़ाता शानदार है। जब देखो तब हाथ में फ़ाइलें पकड़े घूमता है। जो किताब पढ़ानी होती है उसे अपने पास रखता है। बाकी तो हमारी ही किताबें माँग कर पढ़ाते हैं और ख़ाली हाथ टहलते हुए क्लास में चले आते हैं।''

''इसके हाथ में फ़ाइलें और किताबें देखकर तो लगता है, यह टीचर नहीं स्ट्यूडेंट है।''

''बेचारा रात भर पढ़ता होगा, फिर हमारे लिए नोट्स तैयार करता होगा।'' स्वर पर्याप्त व्यंग्यात्मक था।

कुछ महीने बीत गए। बहुत कुछ देखा, समझा और अनुभव किया। मैंने पाया कि योग्य विद्यार्थी डॉ० कोहली के गुणों का बखान सम्मानजनक शब्दों में करते हैं और अयोग्य विद्यार्थी उनके गुणों को ही उनके अवगुण मानते हैं। उन्हें शिकायत थी कि वे कॉलेज में आकर कक्षा से अनुपस्थित क्यों नहीं रहते? अन्य अध्यापकों के समान उन्हें भी इधर-उधर का कोई काम याद क्यों नहीं आ जाता। घंटी बजते ही वे कक्षा के दरवाज़े पर प्रकट क्यों हो जाते हैं? क्यों कभी केवल हँसी-ठिठोली करके पीरियड गुजार नहीं देते?

डॉ० कोहली अपनी क्लास नियमित रूप से लेते थे। अपवाद वाले दिन वे अवकाश पर ही होते थे। तो फिर शेष अध्यापक नियमित क्यों नहीं थे? अनेक अध्यापकों की प्रतीक्षा में हम कक्षा में बैठे रहते थे और वे ईद के चाँद की भाँति दिखाई दिया करते थे। कभी आते भी तो कक्षा में दो या तीन छात्रों को देखकर, यह कह कर लौट जाते थे कि जब क्लास पूरी होगी, तब वे पढ़ाएँगे। वे अध्यापकगण कब, किस पीरियड में आएँगे; कोई नहीं जानता था और इसलिए न कभी क्लास में छात्र पूरे हुए न कोर्स ही। वे सदा अनियमित रहे। कुछ नियमित-प्राय आने वाले अध्यापकों से जब मैंने इस विषय पर चर्चा की, तो उन्होंने बताया कि

अनियमित आने वाले अध्यापकों ने अपना कोई-न-कोई व्यवसाय चला रखा है। वे उनमें उलझे रहते हैं इसलिए उनसे यह अपेक्षा मत करो कि वे कक्षाओं में आकर तुम्हें पढ़ाएँगे, विद्यार्थियों के विकास से कहीं अधिक महत्वपूर्ण उनके लिए अपने धंधों की प्रगति है।

प्रधानाचार्य से बात करने पर भी कोई संतोषजनक उत्तर नहीं मिला। जब-जब हम उनके पास अपनी यह समस्या लेकर गए, तब-तब उन्होंने हमें किसी प्रकार टाला ही।

• • •

मैं स्टाफ-रूम में एक अध्यापक के पास कुछ प्रश्न पूछने पहुँचा। उनके साथ ही डॉ० कोहली बैठे थे; और साथ वाली कुर्सी पर एक अन्य अध्यापक बैठे सिगरेट के धुएँ के छल्ले बना-बना कर उड़ा रहे थे। वे देख रहे थे कि उनका कौन-सा छल्ला, छल्ले की गरिमा बनाए रखते हुए, छत को छू पा रहा है और कौन-सा नहीं। उनकी गर्दन कुर्सी की पीठ पर टिकी हुई थी और चेहरा छत की ओर उठा हुआ था। सिगरेट जब समाप्त होने को आई तो उन्होंने उसे कालीन पर डाल दिया।

"यह क्या कर रहे हो?" डॉ० कोहली ने आपत्ति की, "कालीन जल जाएगा।"

"यह जलेगा नहीं तो नया कैसे आएगा? "उन अध्यापक ने डॉ० कोहली की बात हँसी में उड़ा दी।

डॉ० कोहली के चेहरे पर पीड़ा का वह भाव आया, जैसे किसी ने उनके घर का कालीन जलाने का उपक्रम किया हो; किंतु शिष्टाचार के कारण उन्हें खून का घूँट पीकर रह जाना पड़ा हो।

वे हमारी कक्षा में आए। किन्हीं पंक्तियों की व्याख्या करते हुए, वे 'राक्षस' शब्द पर रुके, " 'राक्षस' का अर्थ सींगों और बड़े-बड़े नखों वाला कोई अन्य वन्य-प्राणी नहीं होता बल्कि क्रूर, हिंस्र और अमानवीय कृत्य करने वाला प्रत्येक व्यक्ति राक्षस कहलाता है। राक्षसों के संहार के लिए राम जैसा साहस और संकल्प चाहिए। जिस प्रकार राम ने राक्षसों के नायक रावण के अत्याचारों से जन-सामान्य को मुक्ति दिलाई, उसी प्रकार आज कोई साहसी युवक सामने आएगा, तभी वर्तमान भ्रष्टाचार और आतंक से हमें मुक्ति मिलेगी। जिस प्रकार रावण, ऋषि-मुनियों

का रक्त पीता था और उनका मांस खा जाता था। उसी प्रकार आज के राक्षस कदम-कदम पर सात्त्विक लोगों की हड्डियों के ढेर लगा रहे हैं। आवश्यकता है राम की, जो समाज का नेतृत्व करने वाले बुद्धिजीवियों की रक्षा करे, ताकि पिछड़े हुए लोग आगे बढ़ सकें...।"

वे कटु शब्दों में रावण पर अनेक आरोप लगा कर उसकी आलोचना करते जा रहे थे और मेरा मन निरंतर उनसे असहमत होता जा रहा था। चारों वेदों के ज्ञाता, महापंडित रावण का वे यह कौन-सा रूप चित्रित कर रहे हैं? मेरे मन ने कहा कि इस बात का विरोध होना चाहिए; किंतु मुँह से शब्द नहीं फूटे। वे कक्षा

छोड़ कर गए तो मैं कुछ दूर तक उनके पीछे-पीछे गया कि पूछूँ, उन्होंने रावण के विषय में यह सब क्यों कहा? पर मन में यह भय था कि कहीं वे मुझे अनपढ़

न कह दें। ...मैं कक्षा में लौट आया।

शेष दिन और सारी रात मैंने बहुत कष्ट में काटी। मेरे एक अध्यापक, मेरे मत के विरोध में इतना सब कुछ कह गए और मैं मौन रहा। मेरा वह मौन ही मुझे व्यथित कर रहा था। प्रातः जब उठा तो मन पूर्णतः अशांत था, जैसे अभी फट पड़ेगा। मुझसे और सहा नहीं गया और मैंने डॉ० कोहली के नाम एक पत्र लिखा जिसमें स्वयं को रावण का उपासक बतलाया और उसके गुणों की चर्चा करते हुए, उसे राम से श्रेष्ठ बतलाया।

वे हमारी कक्षा लेकर बाहर जाने के लिए मुड़े, तो मैंने दरवाज़े पर ही उन्हें पुकारा, "सर!"

वे रुक गए।

"इसमें आपके लिए कुछ है।" मैंने पत्र उनकी ओर बढ़ा दिया।

वे पत्र खोलने लगे तो मैंने उनसे प्रार्थना की कि वे घर जाकर इस पत्र को पढ़ें। उन्होंने मेरी बात मान ली। पत्र उस समय नहीं खोला और उसे फ़ाइल में रख लिया।

अपने मत का दमन न कर पाना मेरी प्रकृति रही है। जब कभी मेरे विरोध में कोई मत खड़ा होता है तो आक्रोश में मैं उसका प्रतिवाद कर बैठता हूँ। बाद में मन में एक भय समाया रहता है कि विरोध करके क्या मैंने ठीक किया? मुझे लगता है कि विरोध के क्षण में मैं अत्यंत दुस्साहसी हो जाता हूँ; किन्तु जब आवेश का ज्वार उतर जाता है तो भय का भाटा मुझे परेशान करता रहता है। उस समय मैं बेहद भीरू सिद्ध होता हूँ।

अगले दिन मैं बहुत डरा हुआ था। मुझे भय था कि कहीं डॉ० कोहली मुझे पकड़कर प्रधानाचार्य के पास ही न ले जाएँ या पूरी कक्षा के सामने मुझे डाँट ही न दें।

वे कक्षा में आए। उन्होंने पढ़ाया और कक्षा छोड़ते समय मुझसे बोले, "महेश, तुम ज़रा बाहर आओ।"

मेरी हालत थी कि काटो तो खून नहीं। पता नहीं क्यों मैं आरंभ से ही अपने अध्यापकों से बहुत आतंकित रहा हूँ। मेरे मन में मार का आतंक कभी नहीं रहा। रहा है तो सदा एक ही भय कि कहीं वे मुझे अशिष्ट या उद्दण्ड न समझ लें।

मैं कक्षा से बाहर आया।

"कहाँ रहते हो?" उन्होंने पूछा।

"प्रशांत विहार।"

"वैशाली देखी है?"

"जी हाँ।"

"कितनी दूर है तुम्हारे घर से?"

"एक किलोमीटर के लगभग।"

"यदि शाम को कुछ नहीं कर रहे हो पाँच बजे के बाद मेरे घर आ जाओ। वहीं बात करेंगे। मेरे मकान का नम्बर एक सौ पचहत्तर है।"

वे अगली कक्षा लेने की त्वरा में आगे बढ़ गए।

• • •

यह पहला अवसर था जब किसी अध्यापक ने मुझे अपने घर बुलाया था।

मैं दो बजे ही अपने घर पहुँच गया था। और उसके बाद एक-एक पल काटना दूभर हो रहा था। मन चाहता था कि समय अपनी गति के बंधनों को तोड़ कर शीघ्रता से आगे बढ़ जाए।

मैं और प्रतीक्षा नहीं कर सकता था इसलिए सवा बजे ही घर से चल दिया। पीतमपुरा का वह सारा क्षेत्र अभी बस रहा था। चारों ओर निर्माण कार्य चल रहा था। स्थान-स्थान पर भवन-निर्माण सामग्री बिखरी हुई थी, जिसके कारण वायुमंडल में धूल-ही-धूल व्याप्त थी। लगा कि नहाया धोया सब बराबर हो गया। पीतमपुरा के अंतर्गत एक छोटी आबादी 'वैशाली' के नाम से जानी जाती है। इस मुहल्ले में दिल्ली-विश्वविद्यालय के अध्यापकों के मकान हैं, अतः इसे लोग बुद्धिजीवियों, शिक्षकों या विद्वानों की नगरी भी कहते हैं। डॉ० कोहली का घर खोजने में मुझे विशेष असुविधा नहीं हुई। मुख्य द्वार पर दो छोटी-छोटी लकड़ी की झोंपड़ियाँ थीं, जो 'लैटर बॉक्स' के उपयोग हेतु बनाई गई थीं। बाईं झोंपड़ी पर सफेद रंग से किसी बच्चे के हस्तलेख में मकान की संख्या लिखी हुई थी। बाहर से दिखने में घर एकदम साधारण था। कोई रंग नहीं, कोई सफेदी नहीं—केवल पलस्तर की हुई दीवारें। मैंने फाटक खोला। घंटी बजाई। दस-ग्यारह वर्षीय एक बच्चे ने दरवाज़ा खोला।

"कहिए।" चश्में में से झाँकती हुई उस लड़के की आँखों ने शालीनता से

पूछा, "किससे मिलना है?"

"डॉ० नरेन्द्र कोहली से।"

"आप महेशदत्त शर्मा हैं?" उसने अंगुली से मेरी ओर संकेत किया।

"आपको कैसे पता?" मैं चकित था।

"आइए।" उसने भीतर आने के लिए मुझे मार्ग दिया और दरवाज़ा बंद करता हुआ बोला, "आप तो शाम पाँच बजे आने वाले थे।"

"हाँ, लेकिन मैंने सोचा कि थोड़ा जल्दी पहुँच जाऊँ। ...पर आपको यह सब कैसे पता?" मैंने पुनः अपने कौतूहल को शांत करना चाहा।

"पिताजी ने बताया था कि शाम को पाँच बजे के बाद उनका महेशदत्त शर्मा नाम का विद्यार्थी आएगा।"

"क्या सर, घर पर नहीं हैं?" मैंने पूछा।

"वे पड़ोस में गए हैं।"

"आप उनके बेटे हैं?"

"हाँ।"

"आपका नाम?"

"अगस्त्य।"

"कौन सी कक्षा में पढ़ते हो?"

"छठी कक्षा में।"

"किस स्कूल में?"

"सरदार पटेल विद्यालय।"

"सर, कब तक आएँगे।" पल भर के मौन के बाद मैंने पूछा।

"आप बैठिए, वे पाँच बजते ही आ जाएँगे।" वह उठा, "मैं आपके लिए पानी लाता हूँ।"

वह पानी लेने गया तो मेरी दृष्टि डॉ० कोहली के ड्रॉइंग-रूम का निरीक्षण करने के लिए घूमी। एक सहज और स्वाभाविक दृष्टि। यह क्या : ड्रॉइंग-रूम में तो किताबों का जैसे अंबार लगा था। इतनी अधिक पुस्तकों का वे क्या करते हैं? वे पुस्तकें पंक्तिबद्ध सैनिकों की भाँति स्थिर खड़ी थीं। प्रायः सभी पुस्तकें आकार के अनुसार सजी हुई थीं।

"पानी!"

"इतनी सारी पुस्तकें! क्या सर, इन्हें किराए पर देते हैं?" मैंने सहज रूप से पूछा।

"नहीं।" वह हँसा, "यह पिताजी के सँग्रह का पहला खंड है।"

"पहला खंड!"

"हाँ, शेष पुस्तकें ऊपर उनके अध्ययन-कक्ष में हैं। इससे दुगुनी।" उसने बताया।

बाद के दिनों में मैंने धीरे-धीरे मकान को देखा। प्रथम दृष्टि में कोई भी बता सकता है कि मकान योजनाबद्ध रूप से बनाया गया है। ड्रॉइंग-रूम के बाईं ओर डाइनिंग-हॉल है, जिसकी छत की ऊँचाई बीस फुट के लगभग है। छत पर कतार में बल्ब लगे हैं जो समारोहों के अवसर पर जलाए जाते हैं। डाइनिंग हॉल के साथ यानी बाईं ओर बीस-बाइस फुट शीशे की दीवार है। इस दीवार के साथ दो फुट गहरी और अच्छी लंबी-चौड़ी हौदी है। इस हौदी में कृत्रिम वर्षा को करने के लिए पानी खींचने की मोटर का स्विच दबाना पड़ता ह। स्विच दबते ही पानी पाइपों से दौड़ता हुआ छत में लगे छिद्र वाले पाइपों में पहुँच जाता है। उन छिद्रों में से पानी की धारें फूट पड़ती हैं और दस फुट तक आते-आते बूँदों और फुहार में परिवर्तित हो कर वर्षा का रूप धारण कर लेती हैं। जैसे-जैसे हौदी में पानी भरता जाता है; इस कृत्रिम वर्षा का संगीत भी अपना स्वर बदलता जाता है। ...पिछवाड़े में एक अत्यंत सुंदर बागीचा है। इस बगीचे में संतरे, नींबू और एक अनार का पेड़ है। शेष मकान को लताओं ने ढका हुआ है। इस घनी छाया में तीस-चालीस फूलों के गमले हैं। अनेक सुंदर-सुंदर क्यारियाँ बनी हुई हैं, जिनमें आकर्षक पत्तियों वाले पौधे लगे हैं।

उनके परिवार से भी परिचय हुआ। अगस्त्य से बड़ा कार्तिकेय है। अगस्त्य के घर का नाम शिशु और कार्तिकेय का गुड्डू है। डॉ. कोहली की पत्नी डॉ० मधुरिमा कोहली, कमला नेहरू कॉलेज में हिन्दी पढ़ाती हैं...

...घंटी बजी।

"माँ और पिताजी आ गए।" अगस्त्य दरवाज़ा खोलने के लिए उठा, "यह घंटी उनकी ही है।"

बाद के ही दिनों में मुझे उनके परिवार का एक यह रोचक तथ्य भी ज्ञात हुआ कि परिवार के सभी सदस्यों और प्रतिदिन आने वाले मित्रों की घंटी बजाने

का एक विशिष्ट क्रम और शैली है, जिसके द्वारा वे बिना दरवाज़ा खोले ही यह अनुमान लगा लेते हैं कि आगंतुक कौन है। मैंने अपनी उपस्थिति में उनके अनुमान को सदा सही पाया।

डॉ० कोहली और उनकी पत्नी ने प्रवेश किया।

मैंने उठकर उन्हें प्रणाम किया। डॉ० कोहली ने प्रसन्न मुख से उत्तर दिया और अपनी पत्नी से बोले, ''मधु! कॉफी।''

मेरा मन बहुत कुछ सहमा हुआ था। जाने वे क्या कहने वाले हैं। उनके इस व्यवहार से मैं इतना तो आश्वस्त हो ही चुका था कि वे मुझे डाँटने वाले नहीं हैं। पहले उन्होंने मेरा और मेरा पारिवारिक परिचय संक्षेप में प्राप्त किया और फिर मुख्य प्रश्न पर आ गए, ''तुमने अपने पत्र में लिखा है कि रावण महापंडित और चारों वेदों का ज्ञाता था। उसका यह गुण इस बात की तो पुष्टि करता है कि वह विद्वान् था, किंतु वह सदाचारी भी था इसका प्रमाण हमें उसके किसी भी कृत्य से नहीं मिलता। क्या एक दुराचारी तुम्हारा उपास्य देव है? और फिर वह राम से श्रेष्ठ किस प्रकार था? तुमने रावण का यह विश्लेषण किस आधार पर किया?''

मुझे कोई उत्तर ही न सूझा और मैं मौन साधे बैठा रहा।

मुझे मौन देखकर उन्होंने दूसरा सरल प्रश्न पूछा, ''तुमने रामचरितमानस पढ़ा है?''

''नहीं।'' मैं बोला।

''वाल्मीकी रामायण?''

''नहीं।''

''तुमने राम-कथा के आधार-ग्रंथ पढ़े ही नहीं तो फिर तुमने यह सारा मूल्यांकन किस आधार पर किया?'' मेरा अज्ञान कदाचित् उन्हें दयनीय लग रहा था।

''लोगों और घर में वृद्धों के द्वारा सुनी गई कथाओं के आधार पर।'' मैंने मौन साधना उचित न समझा और अपनी बात आगे बढ़ाई, ''राम ने बालि को छुपकर क्यों मारा? क्या यही राम की मर्यादा थी?''

वे कुछ सोचकर उठे और अपने हाथों में किताबों का एक बंडल उठा लाए। बोले, ''ये, राम-कथा पर लिखे गए, मेरे उपन्यास हैं। तुम जिन प्रश्नों के उत्तर चाहते हो, वे सभी तुम्हें इनमें मिल जाएँगे। शायद तुम इनसे संतुष्ट हो सको।''

उस समय मुझे आश्चर्य हुआ था कि ये तो हमें पढ़ाते हैं। मैं इन्हें प्रतिदिन

देखता हूँ। ये हमारे साथ अनेक बार बस में भी यात्रा करते हैं फिर भला ये उपन्यास कैसे लिख सकते हैं?... आज भी अपने उस अज्ञान से उपजे आश्चर्य पर लजा जाता हूँ।

उन्होंने राम-कथा का प्रथम खंड 'दीक्षा' मेरी ओर बढ़ा दिया। मैंने उनसे अनुरोध किया कि वे सभी खंड मुझे दे दें। मैं पढ़कर उन्हें लौटा दूंगा। उन्होंने मुझे केवल प्रथम खंड ही दिया और बोले, "इसे पढ़कर यदि सुरक्षित लौटा लाए तो दूसरा खंड ले जाना और फिर शेष सभी।"

मैंने 'दीक्षा' बहुत सावधानीपूर्वक रखी और तीन दिनों में पढ़कर, द्वितीय खंड 'अवसर' ले आया। पंद्रह दिनों के भीतर मैंने उस राम-कथा के शेष सभी खंड पढ़ डाले।

उनकी राम-कथा पढ़ने के बाद मेरे सारे तर्क छिन्न-भिन्न हो गए थे। मुझे उन सभी प्रश्नों के संतोषजनक उत्तर मिल गए थे, जो अभी तक मेरे मन को विक्षिप्त किए हुए थे। राम का वास्तविक स्वरूप मेरे सामने उद्घाटित हो चुका था और रावण का राक्षसी व्यवहार भी।

मेरे मन में डॉ० कोहली के वे शब्द प्रतिध्वनित हो उठे, "रावण विद्वान अवश्य था, किंतु सदाचारी नहीं।"

मैं चकित था कि मेरे ये अध्यापक कितना सूक्ष्म-चिंतन कर लेते हैं। यही प्रश्न मैंने अन्य अध्यापकों से भी किया था। उन्होंने भी रावण की महानता का बखान किया था। मेरा मन अनुभव करने लगा कि मुझे अब अपने प्रश्नागारों के द्वार खोल देने चाहिएँ। एक अध्यापक विद्यार्थियों की जिज्ञासाओं का समाधान करने के लिए तत्पर भी था और सहज उपलब्ध भी। जाने यह अवसर फिर मिले, न मिले?"

उन्हीं दिनों मेरे मन में एक लोभ जागा : ये लेखक हैं और मैं भी कुछ-न-कुछ लिखता ही रहता हूँ। क्यों न मैं इन्हें अपनी कुछ रचनाएँ दिखाऊँ। मैंने अपनी कविताओं का रजिस्टर लाकर उन्हें सौंप दिया और प्रतिदिन उन कविताओं के विषय में उनकी राय पूछने लगा। वे यही कहते रहे कि समय मिलते ही देखूँगा। मुझे लगता था कि वे कविताएँ पढ़ लेंगे तो स्वतः ही मुझे खोजेंगे और कहेंगे कि तुम्हारी कविताएँ अद्भुत हैं और मेरी कलम की भूरि-भूरि प्रशंसा करेंगे। ...किंतु सब कुछ आशा के विपरीत हुआ। उन्होंने मेरी कविताओं में बहुत काट-छाँट की और बोले, "कविता ही लिखना चाहते हो तो छंद का अभ्यास करो। छंद सध

जाए तो मुक्त छंद का प्रयोग करना।"

छंदों में कविता लिखना टेढ़ी खीर था इसलिए मैंने इस विचार को स्थगित कर दिया और बच्चों के लिए छोटी-छोटी कहानियाँ लिखनी आरंभ कीं। उन्हें दिखाता गया। वे उनमें जब संशोधन करते तब मुझे ज्ञात होता कि मुझे अभी कितना अभ्यास करना है। संशोधित रचनाओं को मैं प्रकाशनार्थ विभिन्न पत्र-पत्रिकाओं में भेजने लगा।

• • •

कॉलेज में जब पहली बार मैंने उन्हें अपनी कॉपी जाँचने के लिए दी तो उन्होंने उसके साथ भी वही व्यवहार किया। 'लाली मेरे लाल की, जित देखो तित लाल।'

मुझे लगा कि यह तो इनका अन्याय है। क्या कभी इतनी निर्ममता से भी कॉपी जाँची जाती है? क्या अब से पूर्व हमारी कॉपियाँ जाँची ही नहीं गईं या अब जाँची नहीं जातीं? आज तक तो किसी ने हमारी कॉपियों पर इतने लाल गोले या रेखाएँ नहीं खींचीं। मेरे असंतोष और रोष का एक कारण यह भी था कि कक्षा में सबसे सुंदर हस्तलेख मेरा था। उस सुलेख की उन्होंने पर्याप्त दुर्गति कर डाली थी। स्थान-स्थान पर अनुस्वार, अनुनासिक, पूर्णविराम, अर्धविराम, ह्रस्व इ, दीर्घ ई, ह्रस्व उ, दीर्घ ऊ, एक वचन-बहुवचन, लिंग-दोष, अशुद्ध वाक्य इत्यादि न जाने कितनी त्रुटियों का पर्वत अपनी ऋणात्मक टिप्पणियों की नींव सहित खड़ा कर दिया था।

मैं खिन्न मन से उनके पास पहुँचा, "सर! आपने तो मेरी इतनी सुंदर कॉपी खराब कर डाली।"

उन्होंने मुझ पर भरपूर दृष्टि डाली और सधे हुए स्वर में बोले, "अशुद्ध भोजन चाहे कितना ही स्वादिष्ट क्यों न हो, उसके त्याग में ही मनुष्य का हित होता है।"

मैं उनकी उक्ति को समझने का प्रयत्न करने लगा।

वे मुस्कराकर बोले, "यदि तुम्हारा सारा कार्य शुद्ध होता तो मैं कैसे तुम्हारी कॉपी लाल कर देता? तुम्हारा लेख निःसंदेह सुंदर है किंतु उसे शुद्ध भी होना चाहिए।"

तत्काल मेरे मस्तिष्क में उनके द्वारा पहले कहे गए दो शब्दों की परिभाषा पुनः प्रतिध्वनित हो उठी, "विद्वान होना अलग बात है और सदाचारी होना अलग।" और अब यह समझा रहे हैं, "सुंदर होना अलग है और शुद्ध होना अलग।"

2

स्कूल में मैं अपने सहपाठियों के साथ कुछ ज़्यादा ही घुला-मिला रहता था। उन अवसरों पर और भी अधिक जब कोई समारोह निकट होता था। मैं नाटक-मण्डली का सदस्य था और अभ्यास के समय एक पात्र का दूसरे पात्र के साथ अभिनय जुड़ा होने के कारण दैनिक जीवन में भी कुछ आत्मीयता हो ही जाती थी। ...किंतु कॉलेज का वातावरण कुछ विचित्र प्रकार से भिन्न था। यहाँ 'छात्र संघ' और 'उच्छृंखलताएँ' ही समारोह का रूप थीं। मैं जिन माध्यमों से अपने सहपाठियों के निकट पहुँचता था, वे अवसर और संभावनाएँ यहाँ नहीं थीं। कुछ वाद-विवाद और भाषण-प्रतियोगिताएँ अवश्य होती रहती थीं, किंतु वे एकल-प्रतियोगिताएँ थीं। मैं स्वयं को कुछ बदला हुआ पाता था। विद्यालय के समान यहाँ मैं सब में रचा-बसा नहीं था। सहपाठियों के साथ बहुत मेल-जोल न होने का एक प्रमुख कारण उनकी रुचियों का मेरी प्रकृति के प्रतिकूल होना भी था। सहपाठियों का झुंड, अपनी दिनचर्या यूनिवर्सिटी स्पेशल बसों में उद्दण्डता कर, कक्षा में टेलिविज़न और सिनेमा के फूहड़ दृश्यों का अनुकरण कर, लड़कियों के अंगों के विषय में अश्लील टिप्पणियाँ कर तथा अपने अध्यापकों को अपशब्द कह कर आरंभ करना था। कुछ छात्र सरल प्रकृति के भी थे। मैं उनके प्रति सम्मान का ही भाव रखता था। कभी मिले तो मुस्कराकर हाथ मिला लिया। उनके भी अधिक निकट मैं न जा सका। हेमंत कुमार शर्मा मेरा ऐसा ही एक सहपाठी था। सीधा-सादा और विनम्र। वह मेरे घर के निकट के एक मुहल्ले में रहता था। आना-जाना साथ होने के कारण, मैं उससे कुछ आत्मीयता अनुभव करने लगा था।

मेरे सहपाठी छात्राओं को रिझाने के लिए ऊटपटाँग हरकतें किया करते थे। उनके मन में छात्राओं को सिनेमा या पार्क इत्यादि में घुमाने-फिराने की लालसा समाई रहती थी। मैंने यह तय कर रखा था कि मुझे अभी यह सब नहीं करना

है। वय के कारण छात्राओं के प्रति मेरे मन में शुरू-शुरू में कुछ आकर्षण जागा था। उस समय उस संकट से बचने के लिए और अपनी सुविधा के लिए मैंने प्रत्येक छात्रा को 'दीदी' कह कर संबोधित करना शुरू कर दिया। इसका सबसे बड़ा लाभ मुझे यह हुआ कि वे छात्राएँ मेरे लिए नारी-आकर्षण का विषय कभी नहीं रहीं। मेरी श्रृंगारिक भावनाओं का दमन हुआ। वे छात्राएँ अपने सहपाठियों के साथ कॉलेज से अनुपस्थित होकर, या कालांशों को छोड़कर सिनेमा देखने जाती थीं और कई बार 'चल भाई, तुझे भी ले चलें' जैसे प्रस्ताव मेरे समक्ष रखा करती थीं। किंतु मैं मुस्कराकर टाल जाता।

कॉलेज में शायद ही कोई दिन होता हो जब मैं अनुपस्थित रहा हूँ। जिस दिन डॉ० कोहली का कालांश होता था, उस दिन तो मैं अनुपस्थित होता ही न था। उनके अध्यापन से प्रत्येक विद्यार्थी प्रभावित था, किंतु मेरे साथ स्थिति कुछ विचित्र ही थी। हिन्दी-साहित्य के संबंध में चर्चा करते हुए ईश्वर, भक्ति, अध्यात्म इत्यादि की चर्चा कोई अनोखी बात नहीं थी। हमारे सभी अध्यापक अपने-अपने विषय के अनुकूल ऐसी चर्चाएँ किया करते थे, किंतु जब डॉ० कोहली पाठ पढ़ाते हुए अध्यात्म का कोई उदाहरण देने लगते, तो मैं एक विचित्र प्रकार की विह्वलता का अनुभव करने लगता था। तब समझना कठिन था कि मेरे साथ ऐसा क्यों होता था।

कक्षा में वे संसार की अनित्यता पर प्रकाश डालते हुए मनुष्यों के द्वारा अर्जित सत्कर्मों का उल्लेख कर रहे थे। मैं मंत्र-मुग्ध सा अवाक्, स्तब्ध और अभिभूत हो उनका एक-एक शब्द चुग रहा था। वे समझा रहे थे :

आया है सो जाएगा, राजा-रंक, फ़कीर।
कोई सिंहासन चढ़ि चला, कोई बँधे जात जंजीर।

व्याख्या तथा संबंधित उदाहरण सुनते-सुनते मैं कुछ ऐसा द्रवित हुआ कि मेरी आँखों से अश्रु बह चले। मेरी यह स्थिति देख, हेमंत ने मुझे चुप कराने के लिए मेरी पीठ थपथपाई। डॉ० कोहली ने मुझे देखा और धीरे से बोले, "चुप हो जाओ।" उनका स्वर जितना आदेशात्मक था, उससे कहीं अधिक स्नेहसिक्त। मैं जब चुप हुआ तो वे पुनः बोले, "संवेदनशील होना अच्छी बात है, किंतु भावुकता अत्यंत कष्टकारक होती है।"

जो आध्यात्मिक प्रसंग डॉ० कोहली ने सुनाए, वे अन्य लोगों के मुँह से भी

मैंने सुने हैं, किंतु अधिकतर व्यक्तियों की तपस्यारहित आवाज़, मेरे मन के तारों को झनझना नहीं पाती। जब भी कोई सधा हुआ और पवित्र स्वर मुझे सुनाई दिया है, मेरे मन की वीणा स्वयं संगीतमय हो उठी है।

• • •

मेरा मन सदा असाधारण पुरुषों की चिंतन पद्धति को जानने के प्रयत्न में लगा रहता था। अनेक प्रश्न इस प्रकार उलझे पड़े थे कि मैं व्याकुलता का अनुभव किया करता था। उन्हीं दिनों मेरे मन में एक प्रश्न तूफ़ान की तरह विचरण किया करता था कि महापुरुष किस प्रकार मोह-माया से परे रह पाए? ऐसा कौन सा तत्व था जो उनके मन में मायावी संसार का आकर्षण जगने नहीं देता था? या सांसारिक भोग उनसे छिन गए तो वे विचलित क्यों नहीं हुए? क्यों सिद्धार्थ सब कुछ छोड़ने में भी नहीं हिचके? क्यों राम को वन जाते हुए दुःख नहीं हुआ? ऐश्वर्य का संसार उनसे छोड़ते कैसे बना?

जिससे भी मैंने इसका उत्तर जानना चाहा, उसने केवल 'वे महान् थे' कह कर मुझे सदा असंतुष्ट किया। वे महान थे, यह निष्कर्ष तो बाद में निकला, किंतु वह कौन-सी चिंतन-प्रक्रिया थी जिसने उनमें अनासक्ति या वैराग्य को जगाया।

एक दिन कक्षा में डॉ० कोहली कृष्ण के अनासक्ति-भाव की, किसी उदाहरण के रूप में चर्चा कर रहे थे। उनका व्याख्यान बहुत कुछ मेरे प्रश्नों को छूता हुआ जा रहा था। मेरे मन ने कहा, "यह उपयुक्त अवसर है —मत चूकै चौहान।" और मैंने तत्काल उन्हें व्याख्यान के मध्य टोक दिया, "ऐसा कैसे हो सकता है सर! कि एक व्यक्ति के समक्ष सोना-चाँदी, हीरे-मोती तथा अन्य बहुमूल्य पदार्थों का ढेर लगा हो और वह उनसे मुख मोड़ ले? उसके मन में उन पदार्थों के प्रति आकर्षण नहीं जागता होगा? यह बात सरलता से गले नहीं उतरती।"

प्रश्न तो मैं कर गया, किंतु मुझे लगा कि कहीं अपने आवेश में मैं उद्दण्डता तो नहीं कर बैठा। मन संकोच से भर उठा, किंतु इससे पहले कि लज्जा का कोई अन्य भाव आकर मुझे टोकता, डॉ० कोहली ने पुस्तक बंद कर दी और मुस्कराते हुए बोले, "प्रश्न करना अच्छी बात है। जब तक विद्यार्थी अपने प्रश्नों को खुल कर अध्यापक के समक्ष नहीं रखेगा, तब तक वह अपना विकास नहीं कर पाएगा। प्रश्न वही कर सकता है, जो सोचता है और जिज्ञासु है।" उन्होंने क्षण भर मुझे

देखा और विनोदपूर्ण स्वर में बोले, "जब तुम छोटे थे तब सड़क पर पड़ी कौन-कौन सी वस्तुएँ उठाते थे?"

विचित्र प्रश्न था। मैं क्या पूछ रहा था और उसका उत्तर देने के स्थान पर वे कैसी जिज्ञासा कर रहे थे। तभी मुझे ध्यान आया कि अनेक बार वे घटनाओं, प्रसंगों, कथाओं या संवादों के कह देने के बाद उसे वर्णित विषय से जब जोड़ देते हैं तब हमें उसकी सार्थकता समझ में आती हैं शायद यह प्रश्न भी उसी उदाहरण शैली का अंग होगा।

"माचिस, सिगरेट की डिब्बी, फिल्मी कलाकारों की फ़ोटो, शीतल पेय की बोतलों के ढक्कन, इमली के बीज, कंचे, छोटे-मोटे नट-बोल्ट इत्यादि।" मैंने निःसंकोच बताया।

"और तुम्हारे मित्र तुमसे ये वस्तुएँ छीनते भी होंगे। या ये वस्तुएँ कभी खो भी जाती होंगी। उस स्थिति में तुम्हें क्या अनुभव होता था?" उन्होंने पूछा।

"मुझे बहुत दुःख होता था। कभी-कभी रोना भी आ जाता था।" मैंने बताया।

"क्यों?"

"क्योंकि तब मेरे लिए वे वस्तुएँ अमूल्य थीं।"

"क्या आज भी सड़क पर चलते-चलते तुम वे सब वस्तुएँ उठाते हो?" वे मुस्कराए।

"नहीं, अब तो मुझे वे कबाड़ लगती हैं। तब मैं छोटा था। मुझे समझ नहीं थी।" मैंने संकोचपूर्वक उत्तर दिया, "इस अवस्था तक आते-आते उन वस्तुओं के महत्वहीन होने का बोध हो जाता है।"

"अच्छा उस बात को छोड़ो, यह बताओ कि आज यदि कोई तुम्हारी घड़ी, जूते, वस्त्र, रुपये इत्यादि वस्तुएँ तुमसे छीन ले या वे वस्तुएँ खो जाएँ तो क्या तुम्हें दुःख होगा?"

"हाँ, होगा।"

"और यदि वे वस्तुएँ तुम्हें सड़क पर मिलेंगी तो क्या तुम उन्हें उठा लोगे?" सहसा उन्होंने अपनी बात तुरंत आगे बढ़ाई, "मेरा अभिप्राय रुपयों से है। मान लो तुम कहीं जा रहे हो और रास्ते में सौ रुपये का नोट पड़ा है तुम क्या करोगे?"

"मैं उसे उठा लूँगा।" मैंने उत्तर दिया।

"ठीक उसी प्रकार जिस प्रकार तुम बचपन में डिब्बी-ढक्कन उठाया करते

थे?" वे गंभीर थे।

"हाँ!" मैंने स्वीकार किया।

"बैठ जाओ।" उन्होंने मुस्कराकर कहा और तत्काल गंभीर मुद्रा में आ गए, "शिशु सदा निरर्थक चमकीले पदार्थों की ओर भागता है और न मिलने पर रोता है। उसकी अवस्था बढ़ती है और उसकी बुद्धि का विकास होता है। आठ-दस वर्षों की अवस्था में वह ढक्कन और झुनझुने से खेलना छोड़कर क्रीड़ा-सामग्री के उपकरणों या सड़क पर पड़ी अन्य वस्तुओं की ओर आकर्षित होता है। जब उससे वे वस्तुएँ छिन जाती हैं तो वह रोता है। युवावस्था में आते-आते उसकी बुद्धि का और विकास होता है और वह रुपये-पैसे की ओर आकृष्ट होता है। गृहस्थ होने पर धन-संपत्ति, स्त्री तथा संतान-सुख छिन जाने पर वह रोता है, क्योंकि तब उसकी दृष्टि में सड़क पर पड़ी चमकीली पन्नियाँ व्यर्थ की वस्तुएँ होती हैं और धन-संपत्ति महत्व की। तब उसे स्वयं पर हँसी भी आती है कि वह कैसा मूर्ख था कि सड़क पर पड़े कूड़े का सँग्रह करता था और उसके वियोग में रोता भी था। ...किंतु विकास के इस क्रम में जो व्यक्ति निरंतर बढ़ता चलता है वह एक ऐसी स्थिति में पहुँच जाता है जहाँ पहुँच कर उसे सोना, चाँदी, हीरे, मोती, घर, स्त्री, संतान तथा माया का प्रसार, इस संसार रूपी सड़क पर पड़ी चमकीली पन्नियों की भांति लगने लगता है और तब वह सबसे मूल्यावान पदार्थ अर्थात् ईश्वर को पाने के लिए ही रोता है।"

मेरे समक्ष, मेरा प्रश्न पानी में गिरी नमक की डली की तरह घुल गया था। विकास का सारा क्रम आद्योपांत स्पष्ट हो चुका था।

• • •

समय के साथ-साथ जैसे-जैसे डॉ० कोहली के कार्यों के प्रति मेरी खोज बढ़ती गई, वैसे-वैसे ही वे मेरे मन-मस्तिष्क पर अपना सात्विक प्रभाव छोड़ते गए। आरंभ में वे मेरे लिए अन्य अध्यापकों के समान ही एक अध्यापक थे; किंतु क्रमशः उनके सरल व्यक्तित्व के आकर्षण ने मुझे उनके बहुत निकट ला खड़ा कर दिया।

कॉलेज में डॉ० चन्द्रहंस पाठक, डॉ० देवदत्त शर्मा, श्री रमेश खट्टर और श्री ज्ञानेन्द्र वर्मा आदर्श अध्यापक थे, किंतु डॉ० कोहली एक मात्र ऐसे अध्यापक थे जो समय-समय पर सभी विद्यार्थियों को नैतिक उपदेश दिया करते थे। विभिन्न उदाहरणों के माध्यम से वे विद्यार्थियों को उनके कर्तव्यों से अवगत कराते और

यथाशक्ति उनकी सहायता करने के लिए भी तत्पर रहते। जितने प्रश्न विद्यार्थी उनकी कक्षा में पूछते थे उतने किसी अन्य कक्षा में नहीं पूछे जाते थे। कारण स्पष्ट था। सब को अपने प्रश्न का संतोषजनक उत्तर मिलता था। आवश्यक नहीं कि प्रश्न केवल पाठ्यक्रम से ही संबंधित हों। प्रश्न किसी भी क्षेत्र का हो सकता था—सामाजिक, राजनैतिक, धार्मिक और नितांत वैयक्तिक भी। ...प्रायः अध्यापकों ने विद्यार्थियों से अपना संबंध केवल पाठ्यक्रम तक ही सीमित कर

रखा था। वे मात्र 'कोर्स पूरा करवाने' तक ही हमारे अध्यापक थे। उन्होंने कभी उस 'गुरु' की भूमिका निभाने का तनिक भी उत्साह नहीं दिखाया, जो अपने विद्यार्थियों के पूर्णरूपेण सर्वांगीण विकास के लिए चिंतित और प्रयत्नशील रहता है।

डॉ० कोहली महाभारत पर कोई पुस्तक लिखने के लिए अध्ययनावकाश ले रहे थे। इस विषय को लेकर हमारी चर्चा प्रायः अन्य अध्यापकों से होती रहती थी। वे हमें यही बताते थे कि उन्होंने अनेक बार डॉ० कोहली को समझाया है कि आप बहुत भोले हैं कोहली साहब! अगर आपको पुस्तक लिखनी है तो उसके

लिए कॉलेज से अवकाश लेने की क्या आवश्यकता है? आप घर बैठ कर आराम से पुस्तक लिखिए। आपको कौन कहता है कि आप कॉलेज आएँ और विद्यार्थियों को पढ़ाएँ। हमारे व्यवसाय में यही तो एक लाभ है, जो चाहे कॉलेज आए, जो चाहे न आए। पर वे हैं कि हमारी बात मानते ही नहीं और कहते हैं, "यदि मैं अवकाश पर नहीं हूँ तो मैं कॉलेज आऊँगा भी और पढ़ाऊँगा भी।"

• • •

ऑनर्स के अंतिम वर्ष तक आते-आते डॉ० कोहली के प्रति मेरा सम्मान, भक्ति की सीमा तक पहुँच चुका था। मैंने तभी अनुभव किया था कि मेरी प्रकृति अपने अन्य सहपाठियों से पर्याप्त भिन्न थी। वे अपने अध्यापकों को जिस प्रकार वेतन-भोगी शिक्षक अथवा कॉलेज के कर्मचारी मात्र मानते थे, मैं वहीं स्वीकार नहीं कर पाता था। मैं तो जैसे उस गुरु की खोज में था, जो जीवन के प्रत्येक क्षेत्र में मुझे अंगुली पकड़ कर आगे ले जाए। गुरु-शिष्य परंपरा के अंतर्गत मुझ पर पुत्रवत् स्नेह रखे, मेरे अज्ञान को अपने ज्ञान से प्रकाशित कर दे, मेरे मन के विकारों को अपने उपदेश रूपी जल से धो डाले और मेरी जड़ता को गति में बदल दे। मुझे सुसंस्कृत करने में कोई क़सर न छोड़े। मुझ अनघड़ पाषाण को किसी शिल्पी की भाँति तराश कर उसे कोई सुंदर रूप प्रदान करे।... उन दिनों मैं एक प्रकार से उन्माद की-सी स्थिति में रहता था; और वह उन्माद था—गुरु-दर्शन का। मेरी यह इच्छा रहती थी कि मैं अधिक-से-अधिक समय उनके निकट बिताऊँ। ...किंतु अब तक मैं उनकी दिनचर्या के विषय में बहुत कुछ जान गया था। वे पढ़ते थे, पढ़ाते थे, परिवार के काम करते थे, विश्राम करते थे, किंतु सबसे अधिक तो वे लिखते थे। लिखना ही उनकी साधना थी, तपस्या थी, लिखना ही उनका जीवन था। मैं बार-बार उनके पास जाऊँगा अथवा अधिक समय उनके निकट बिताऊँगा तो उनका लेखन बाधित होगा; मुझे यह भय निरंतर सताता रहता था। फलतः मैं अपनी मूर्खता में नए-से-नए मार्ग खोजता रहता था। अपने मन में कहीं यह भी जानता था कि कोई देखे-सुनेगा, तो मुझे पागल ही समझेगा। किंतु मैं अपनी उत्कट इच्छा को रोक नहीं पाता था। ...प्रातः या सायंकाल उनके घर के आस-पास बैठा रहता था, ताकि जब वे किसी भी कारण से घर से बाहर निकलें, तो मैं उन्हें देख सकूँ। अपने बैठने का स्थान मैं इस प्रकार निश्चित् करता था कि मैं तो उन्हें सुविधा से देख सकूँ, किंतु वे मुझे न देख पाएँ। ...मेरी व्यग्रता

इतनी बढ़ी कि अनेक बार मैंने उन्हें स्वप्न में साक्षात् अपने प्रश्नों का उत्तर देते पाया। मैं स्वयं को रोक नहीं सका तो इसकी चर्चा मैंने उनसे की, "रात को जब मैं ध्यान लगाता हूँ तो आप प्रत्यक्ष रूप में मेरे समक्ष उपस्थित होते हैं और मेरे प्रश्नों, शंकाओं और समस्याओं का निवारण कर मेरा मार्गदर्शन करते हैं।"

"तुम तो पागल हो।" वे हँसे, "मैं तो उस समय आराम से अपने घर में सो रहा होता हूँ। फिर मैं तुम्हारे घर में कैसे उपस्थित हो सकता हूँ।"

"किंतु आप होते हैं।" मैं अत्यंत दीन स्वर में बोला, "आप मेरा विश्वास कीजिए। मेरे साथ ऐसा ही होता है कि मैं आपको प्रत्यक्ष देखता हूँ।"

"मैं तुम पर अविश्वास नहीं कर रहा।" सहसा वे गंभीर हो उठे, "कदाचित् यह तुम्हारे निरंतर और सघन मनन का परिणाम है। जब व्यक्ति किसी के विषय में बहुत अधिक सोचने लगता है तो उस पदार्थ को प्रत्येक स्थान पर प्रत्यक्ष रूप में पाता है, जैसे कंस को कृष्ण साक्षात् दिखाई देते थे।"

• • •

डॉ० कोहली के घर के समीप ही हेमंत का घर था इसलिए डॉ० कोहली को देखने के बाद मैं हेमंत से मिलने चला जाता था। वह मेरी इन गतिविधियों से परिचित था, क्योंकि कॉलेज में जब उनका कालांश आरंभ होने वाला हो और उससे पूर्व हमारे पास ख़ाली समय हो तो मैं हेमंत को प्रायः अपने साथ घसीट लिया करता था, "चल, कोहली सर को देखेंगे।"

वह आश्चर्य चकित होकर पूछता था, "कक्षा में आएँगे तो, तो देख लेना ...पर तू उन्हें देख कर क्या करेगा?"

एक दिन उसने मुस्कराकर मुझसे कहा, "एक बात कहूँ बुरा तो नहीं मानेगा?"

"नहीं।" मैं विश्वस्त स्वर में बोला।

"यौवन में प्रेमिका के लिए पागल होते तो दुनिया को देखा है, लेकिन किसी अध्यापक के लिए इस प्रकार का प्रेम, क्या तुझे अजीब नहीं लगता? वे हमें पढ़ाते हैं, ठीक है। बाद में छिप-छिप कर उन्हें देखना...।" बोलते-बोलते वह मेरे चेहरे के भावों को पढ़ने का प्रयत्न भी कर रहा था और अपने शब्दों को संयत करके भी बोल रहा था। शायद उसे यह चिंता भी थी कि कहीं मैं बुरा न मान जाऊँ।

मुझे उसकी बात तनिक भी बुरी नहीं लगी। बल्कि मुझे कुछ आश्चर्य ही हुआ

कि मेरे पगलाए व्यवहार को इतनी निकटता से जानते हुए भी इसने यह प्रश्न इतने लंबे अंतराल के बाद क्यों किया? कैसे इसने अब तक अपने मन में इस प्रश्न को दबाए रखा होगा?

मैं प्रसन्न स्वर में बोला, "ये ही तो गुरु-भक्ति का उन्माद हैं। तूने सुना है न, हरि मेरे पीऊ, मैं हरि की बहुरिया।'

"भइया, तुम नहीं मानोगे।" वह ज़ोर से हँसा, "कहीं ऐसा न हो कि कल कोई तेरा नाम पूछे, तो तू कहे, मेरा नाम नरेन्द्र कोहली है।"

"हाँ, कभी-कभी तो मुझे लगता है जैसे मेरे भीतर से उनका स्वर उच्चरित हो रहा है। मेरी जिह्वा पर सरस्वती उनका रूप धारण कर आ विराजती है और ..."

"...हो गया तू शुरू।" उसने मेरी बात काटते हुए, मेरी बाँह पकड़ कर कैंटीन की ओर धकेला।

तभी अचानक न जाने मुझे क्या हुआ और मैं तेज़ी से ऊपर स्टाफ-रूम की ओर दौड़ा। वहाँ जाकर देखा डॉ० कोहली प्रसन्न मुद्रा में अपने सहयोगियों से चर्चा कर रहे थे। मैं वापस कैंटीन की ओर घूमा और कैंटीन से एक बर्तन माँग कर उसमें पानी भर कर, स्टाफ-रूम के भीतर बिना किसी की अनुमति के घुस गया और डॉ कोहली के पैरों के पास बैठकर बोला, "सर, आपके जूते उतार दूँ?..."

लगा मेरे हाव-भाव से वे मेरी योजना तत्काल समझ गए। उन्होंने तुरंत मुझे उठाया और स्टाफ-रूम से बाहर ले आए। मैं आहत और हताश-सा उनके साथ चल रहा था। मेरी आँखें सजल हो आई थीं।

"तुम्हें पता है तुम क्या कर रहे हो?" उनका स्वर पर्याप्त कठोर किंतु स्निग्ध था। इन दोनों भावों का मिश्रण लिए वे कुछ स्थिर स्वर में पुनः बोले, "तुम्हारी सारी गतिविधियाँ हास्यास्पद होती जा रही हैं। समाज में सामान्य और व्यावहारिक बन कर रहना सीखो।"

"सर! गुरु के चरण धोने में कोई दोष है क्या? हमारा सारा प्राचीन शिष्य-समाज यह करता था।" मैंने कहा।

"वह समय और था।" वे बोले, "अब यह परंपरा समाज में मान्य नहीं है।"

"यदि एक अच्छा कार्य समाज में मान्य नहीं है, तो क्या हम उसे छोड़ दें।" मैंने हठ की।

वे क्षण भर को रुके, "अच्छा कार्य करने की शैली बदल गई है। अब गुरु के प्रति सम्मान प्रकट करने के और अनेक मार्ग हैं।"

अपनी इच्छा के मार्ग में आए, इस पर्वत को मैं उखाड़ फेंकना चाहता था, "इससे आपको क्या असुविधा होगी?"

"मैं कोई महापुरुष नहीं हूँ कि तुम मेरे चरण धोकर पीना चाहते हो। यह सब करोगे तो लोग कहेंगे कि यह गुरु और उसका चेला दोनों पागल हैं। लोग मेरा उपहास करेंगे, तो तुम्हें अच्छा लगेगा क्या? ...मैं मानता हूँ कि तुम मेरा अत्यधिक सम्मान करते हो, किंतु उसका इस प्रकार प्रदर्शन...?"

गुरु के प्रत्येक कथन के समक्ष अपनी हठ छोड़ देना, मैं अपना धर्म समझता था, अतः चुपचाप लौट गया। किंतु यह सोचता रहा कि यह कैसा व्यक्ति है जिसे अपने महान् होने का तनिक भी बोध नहीं जबकि स्थान-स्थान पर ऐसे अनेक व्यक्ति बैठे हैं जिनके चरण-स्पर्श न करो तो वे बुरा मान जाते हैं, अकारण द्वेष और शत्रुता पाल लेते हैं।...और एक मेरे यह गुरु हैं कि जब भी मैंने इनके चरण छूने चाहे, इन्होंने मुझे...मुझे ही नहीं वरन् प्रत्येक व्यक्ति को रोका है–"यह नहीं, नमस्कार करना ही पर्याप्त है।"

हेमंत ने मेरा चिंतन बाधित किया, "तुझे यह क्या हो जाता है?" उसके स्वर में मेरे लिए पर्याप्त सहानुभूति थी, जैसी किसी रोगी के प्रियजन के स्वर में होती है।

3

हिन्दी-साहित्य के आठवें पर्चे में अनेक विकल्प थे। विद्यार्थी उनमें से किसी भी एक का चयन कर सकता था। हम कौन-सा विषय् लें, यह हमारी समझ में नहीं आ रहा था। जितने अध्यापकों से पूछते गए, उतना ही हमारा द्वंद्व गहराता गया। प्रत्येक अध्यापक ने अपने-अपने विषय को श्रेष्ठ बताते हुए अन्य विषयों को अंक प्राप्त करने, तथा बोधगम्यता की दृष्टि से महत्वहीन बताया। प्रायः विद्यार्थियों ने अपना-अपना विकल्प अध्यापकों से प्राप्त परामर्श के आधार पर चुन लिया था। मैं और मेरे दो-तीन सहपाठी बचे थे, जो कि अभी तक कुछ निर्णय नहीं कर पाए थे।

"क्या सोच रहा है?" हेमंत ने मुझ से पूछा।

"चुनाव का यह संकट पुनः आ खड़ा हुआ।" मैं बोला।

"पुनः कैसे?" उसने पूछा।

"जब कॉलेज में प्रवेश हेतु विषय का चयन करना था, तब भी बुद्धि बहुत भ्रमित हुई थी।"

"कैसे?"

"कोई कहता था 'पास कोर्स' ले लो, कोई हिन्दी, संस्कृत और इतिहास ऑनर्स पढ़ने का परामर्श देता था। उस समय भी मन बहुत बेचैन रहता था कि कोई ऐसा विषय न ले लूँ, जिससे बाद में पछताना पड़े।" मेरे समक्ष जैसे वे दिन घूम गए थे।

"फिर तूने हिन्दी-ऑनर्स का चयन किस आधार पर किया?"

सोचा, किस विषय को पढ़कर मैं सुखी रहूँगा और किस विषय को लेकर कष्ट पाऊँगा।...हिन्दी साहित्य के अतिरिक्त मेरी गति किसी और विषय में थी नहीं।"

"इस पद्धति से तो तुम्हें अब भी विषय चुनने में असुविधा नहीं होनी चाहिए।" हेमंत ने सुझाया।

"बारहवीं कक्षा में मैं संस्कृत में प्रथम आया था। सोच रहा हूँ कि आठवें पर्चे में संस्कृत ही ले लूँ।" मैंने अपने मन की बात बताई, "इच्छा संस्कृत-साहित्य पढ़ने की है।"

"तो अब सोचने को क्या बचा है?" वह मुस्कराया।

"सभी ने अपने-अपने विषय को लेने का परामर्श दिया है। सोच रहा हूँ कि डॉ० कोहली से भी पूछ लिया जाए।"

"भइया, वे भी अपने विषय के गुण गाएँगे। इधर वे कथा-साहित्य की प्रशंसा करेंगे और उधर तू संस्कृत का विचार छोड़ कर प्रेमचंद ले लेगा।"

"क्यों ले लूँगा?" मैंने प्रतिवाद किया।

"क्योंकि वे हमें वही विकल्प चुनने के लिए कहेंगे।" हेमंत ने अपनी बात पर बल दिया।

हमारे कुछ और सहपाठी आकर हम दोनों की बातचीत का आनंद लेने लगे थे।

"कथा-साहित्य!" एक छात्रा हमारी बातचीत में सम्मिलित हुई, "न, बाबा न। इसमें तो पढ़ते-पढ़ते दिमाग ख़राब हो जाता है और अंक तो मिलते ही नहीं।"

"यह तुम कैसे कह सकती हो?" मैंने पूछा।

"काव्य शास्त्र वाले अध्यापक कह रहे थे। उन्होंने ही बताया था कि यदि कथा-साहित्य लोगे तो मारे जाओगे। डिवीज़न बिगड़ जाएगी।"

"अरे, डॉ० कोहली।" हेमंत ने संकेत किया। वे स्टाफ-रूम से निकल कर हमारी ओर ही आ रहे थे।

डॉ० कोहली ने पूरे धैर्य से हमारी बात सुनी और बोले, "पढ़ना तुम्हें है या मुझे?"

"पढ़ना तो हमें ही है सर! फिर भी आप कुछ तो हमारा मार्गदर्शन कीजिए।" मैंने अनुरोध किया।

"चलो कहीं बैठते हैं।" उनके स्वर और मुद्रा से यह स्पष्ट हो चला था कि वे लंबी बातचीत करेंगे।

हम एक ख़ाली कमरे में आ बैठे।

उन्होंने गंभीर दृष्टि से हमें देखा और बोले, "तुम में प्रत्येक की रुचि अलग-अलग होगी, कुछ की मेल भी खा सकती है। जहाँ तक विषय के चुनाव का प्रश्न है, किसी अन्य व्यक्ति की रुचि या परामर्श के आधार पर उसका निर्णय मत करना, और न ही यह सोच कर विषय लेना कि इसमें कम अंक आते हैं और उसमें अधिक। विषय लेना तो मात्र यह सोचकर कि किस में तुम्हारी गति है? किस विषय को पढ़कर तुम ज्ञान और सुख, दोनों अर्जित कर पाओगे?"

"सर! कथा-साहित्य के विषय में आपका क्या विचार है?" मैंने पूछा, "वह तो आपका प्रिय विषय है।"

"मैंने अभी क्या कहा कि जिस विषय में तुम अपनी गति समझते हो, वही लो। मैं वट-वृक्ष बनना नहीं चाहता, जो अपनी घनी छाया के कारण छोटे-छोटे पौधों को कभी प्रकाश के दर्शन नहीं होने देता और अपने सघन फैलाव के कारण सदा उन पर छाया रहता है, तथा उनके विकास को रोकने का भरसक प्रयत्न करता है। मैं अपना प्रिय विषय तुम पर आरोपित नहीं करना चाहता और न ही किसी को करना चाहिए। अध्यापक को तो आकाश की तरह होना चाहिए। जो अपने संरक्षण में पलने वाले प्रत्येक प्राणी का उसकी रुचि और गति के अनुसार भरपूर विकास चाहता है– सीमारहित विकास।"

वे मौन हो गए। उनके सम्मोहन से मुक्त होने में हमें कुछ समय लगा, किंतु उनके कथ्य का अमिट प्रभाव हम पर छाया ही रहा। कितना निष्पक्ष और तटस्थ था वह चिंतन–अपनी प्रकृति के अनुरूप अपने विकास के अवसर खोजना। स्वधर्म को पहचानना। परिणामतः डॉ० कोहली के व्यक्तित्व से अभिभूत होते हुए भी मैंने विकल्प के रूप में संस्कृत को चुना।

• • •

अपने कॉलेज में वर्ष 1988 में मैं वह एकमात्र विद्यार्थी था, जिसे हिन्दी-विशेष के अंतिम पर्चे में विकल्प-स्वरूप संस्कृत का चुनाव किया था, और कॉलेज एक विद्यार्थी के लिए अध्यापक उपलब्ध करवाने में अपनी असमर्थता जता रहा था। मैंने पता किया कि यदि संस्कृत लेने के लिए और विद्यार्थी भी सहमत हो जाते हैं, तो हमें संस्कृत कौन से अध्यापक पढ़ाएँगे? पता लगा कि उस दशा में डॉ० चन्द्रहंस पाठक संस्कृत पढ़ाएँगे। मैं पाठक जी के पास गया और उन्हें अपनी

समस्या बताई।

"तुम संस्कृत क्यों पढ़ना चाहते हो?" पाठक जी ने पूछा।

"संस्कृत मनुष्य को संस्कारवान् बनाती है। मैं अपने आपको और अधिक सुसंस्कृत करने का प्रयत्न कर रहा हूँ। सफलता-असफलता की बात ईश्वर जाने।" मैंने उत्तर दिया।

उन्होंने मेरे विचार और उद्देश्य का सम्मान किया और प्रधानाचार्य से बात करने के लिए मुझे अपने साथ उनके कमरे में ले गए। प्रधानाचार्य बोले, "एक छात्र के लिए टाइम-टेबल में परिवर्तन कैसे किया जा सकता है? फिर कोई कमरा भी तो नहीं है।"

"इसे पढ़ाने के लिए मैं तैयार हूँ। कमरा न सही, मैं इस पेड़ के नीचे पढ़ा लूँगा।" पाठक जी ने कहा।

पाठक जी ने मुझे संस्कृत पढ़ाई। परीक्षा से तीन दिन पूर्व वे मुझे अपने घर ले गए। मैं वहीं रहा और उनसे विद्या प्राप्त करता रहा।

जब डॉ० चन्द्रहंस पाठक का स्वर्गवास हुआ तो अनेक लोग उन्हें विदाई देने पहुँचे। मैं भी अपनी श्रद्धा व्यक्त करने पहुँचा था और डॉ० कोहली के निकट खड़ा हो गया था। मेरी दशा अपनी सीमाहीन भावुकता के कारण उस समय बिल्कुल अच्छी नहीं थी। मैं अपने मन को तनिक भी सँभाल नहीं पा रहा था।

श्मशान-भूमि में अनेक लोग शवों के वस्त्र तथा अन्य मूल्यवान पदार्थ प्राप्त करने के लिए परस्पर स्पर्धा कर रहे थे। मेरा दुःखी मन यह सब देखकर और अधिक बुझता जा रहा था। मुझसे रहा नहीं गया तो मैंने कहा, "सर, ये कैसे लोग हैं, जो शवों को भी नोचने-खसोटने में लगे हैं? इन पर मृतकों के संबंधियों के चीत्कारों का तनिक भी प्रभाव क्यों नहीं पड़ रहा? कैसे ये लोग शवों के मध्य माया के पीछे दौड़ लेते हैं?"

डॉ० कोहली अत्यंत शांत और गंभीर स्वर में बोले, "ईश्वर ने सभी को जीविका का अलग-अलग साधन दिया है। यह उसी की माया का एक अंग है। जीविका प्राप्त करने के लिए मनुष्य को क्या-क्या करना पड़ता है।"

इस बीच पाठकजी के शरीर को अग्नि ने घेर लिया। मेरी दृष्टि के समक्ष वह शरीर धू-धूकर भस्म हो रहा था, जिसने मुझे ज्ञान दिया था, स्नेह दिया था और मेरे लिए अनेक कष्ट सहे थे। मेरा मन फट पड़ा और क्रंदन बन आँसुओं के रूप में बह चला। मैंने अपने आपको डॉ० कोहली के कंधों के सहारे टिका

दिया। उन्होंने मुझे अपनी भुजाओं का सहारा भी दिया और सांत्वना भी।

वापसी में उन्होंने मुझे उस स्थिति में अकेला छोड़ना उचित नहीं समझा और अपने साथ कार में घर चलने को कहा। मुझे क्या आपत्ति हो सकती थी।

गाड़ी में डॉ० दर्शनलाल सेठी ने शायद कुछ चर्चा चलाने मात्र के उद्देश्य से कहा, "हमारी कोई सहयोगी अध्यापिका नहीं आई?"

डॉ० कोहली रोष, निराशा और शिकायत भरे स्वर में बोले, "विचित्र पाखंड है। किसी सहयोगी के घर समारोह हो तो ये अपने परिवार के साथ उसमें सम्मिलित हो जाएँगी, किंतु कोई मर जाए तो उसे विदा करने श्मशान नहीं जाएँगी। पूछो तो कह देंगी कि हमारे परिवार में महिलाएँ ऐसे अवसरों पर नहीं जातीं; जैसे ये भी पुराने समय की पर्दानशीं घरेलू स्त्रियाँ हों।"

उनके स्वर में मुझे जो पीड़ा दिखाई दी थी, उसे व्यक्त करना मेरे लिए संभव नहीं है। कुछ पलों के लिए पुनः चुप्पी छा गई। उस मौन को भंग करने के लिए सेठी साहब ने विषयांतर किया, "क्या बात है कोहली साहब! आजकल आप छोटी रचनाएँ नहीं लिख रहे?"

"लंबी रचनाएँ इसका अवकाश ही नहीं देतीं।" वे सहज होने का प्रयत्न करते हुए मुस्कराकर बोले।

"ऐसी बात नहीं है कोहली साहब! अगर आप प्रयत्न करें तो छोटी-मोटी रचनाओं के लिए भी समय निकल ही आएगा।"

डॉ० कोहली पुनः गंभीर हो उठे और उदाहरण खोज कर लाते हुए बोले, "जब हवाई-जहाज़ लंबी उड़ान पर होता है तो छोटे-मोटे किसी भी हवाई-अड्डे पर नहीं उतरता। बहुत हुआ तो बीच में किसी महत्वपूर्ण विश्राम-स्थल पर ईंधन लेने भर को रुकता है।"

"लेकिन अगर उड़ान वाला हवाई-जहाज़ चाहे तो छोटे-मोटे हवाई-अड्डे पर भी रुक सकता है।" सेठी साहब अब भी हठ किए जा रहे थे।

"हाँ, हो सकता है, किंतु गंतव्य तक पहुँचने में बहुत विलंब हो जाएगा, और जितना अधिक विलंब होगा, यात्रा उतनी ही बाधापूर्ण और खर्चीली होती जाएगी।" पीली बत्ती देखकर डॉ० कोहली ने पीछे आने वाले यातायात को रुकने का संकेत दिया और उनकी कार स्टाप-लाइन से पहले रुक गई।

• • •

बी०ए० कर लेने के बाद मेरी इच्छा स्वाध्याय की थी। जब मैंने इसकी चर्चा डॉ० कोहली से की तो उन्होंने मुझे परामर्श दिया कि मुझे एम०ए० में प्रवेश लेना चाहिए। सीखने के क्रम का कोई अंत नहीं है। जितना संभव हो उतना ही विकास की ओर बढ़ना चाहिए। मार्गदर्शन के अंतर्गत अध्ययन के अवसर तो स्वर्णिम हुआ करते हैं। अतः मुझे एम०ए० की उपाधि ले लेनी चाहिए। स्वाध्याय के लिए तो सारा जीवन पड़ा है।

मैंने उन्हें बताया कि मुझे फीस के रुपये जुटाने में दिक्कत है; और फिर एम०ए० की पुस्तकें...।

"कितने रुपये हैं तुम्हारे पास?" उन्होंने पूछा।

"फिलहाल तो कुछ भी नहीं है।" मैं ससंकोच बोला, "पिताजी सेवानिवृत्त हैं और आय का अन्य कोई साधन है नहीं।"

"ठीक है शाम को घर आ जाओ। मैं तुम्हें एम०ए० की पुस्तकें दे दूँगा और फीस जब जमा करानी हो तो रुपए ले जाना और अपनी सुविधानुसार लौटा सको तो लौटा देना।"

मेरे मन से जैसे एक बड़ा भारी बोझ उतर गया था। फीस के लिए मैंने अनेक पड़ोसियों और संबंधियों से रुपयों की प्रार्थना की थी, किंतु सभी किसी-न-किसी बहाने मुझे टाल गए थे। तब मैंने सोचा था कि स्वाध्याय ही किया जाए। मुझे ज्ञान मिल जाए, डिग्रियाँ न मिलें, न सही।

मैंने एम०ए० में प्रवेश ले लिया। एम०ए० की हमारी कक्षाएँ साऊथ-कैंपस में लगती थीं। दक्षिण परिसर के कॉलेजों के एम०ए० के विद्यार्थियों को वहीं आना पड़ता था। साऊथ-कैंपस का भवन भव्य और विस्तृत था। यहाँ का फर्नीचर भी हमारे कॉलेज के फर्नीचर से बहुत उत्तम कोटि का था। पहाड़ी पर बना यह कैंपस जंगल से घिरा हुआ था, अतः इसका वातावरण शांत और प्रकृतिमय था।

एम०ए० की कक्षाओं में प्राध्यापक विद्यार्थियों की उपस्थिति नहीं लेते। विश्वविद्यालय मानता है कि अब विद्यार्थी समझदार हो गए हैं। वे पूरी तरह अपना भला-बुरा समझते हैं, अतः उपस्थिति का बंधन उनके लिए अनावश्यक है। इस नियम से अनेक विद्यार्थी प्रसन्न थे क्योंकि यहाँ उनके मार्ग में कोई बाधा न थी।

अनेक प्राध्यापकों ने तो यहाँ तक कह दिया था कि यदि किसी को व्याख्यान अरुचिकर प्रतीत हो तो वह बिना अनुमति के चुपचाप कक्षा छोड़ सकता है।

हमें 'रंगभूमि' पढ़ाने के लिए डॉ० कोहली दक्षिण-परिसर में आते थे। एक दिन उनकी कक्षा में वे विद्यार्थी भी प्रकट हो गए, जो यदा-कदा ही आया करते थे। उन्होंने आगे की सारी कुर्सियाँ ख़ाली छोड़ दीं और पीछे अपना डेरा जमा लिया। कक्षा में नियमित आने वाले विद्यार्थी सबसे आगे बैठ गए और बीच की पाँच पंक्तियाँ ख़ाली रह गईं।

कुछ देर तक तो डॉ० कोहली व्याख्यान देते रहे, किंतु मन-ही-मन जैसे वे प्रतीक्षा कर रहे थे कि वे लड़के आगे की कुर्सियों पर आ जाएँ। पिछले तीन वर्षों के उनके व्यवहार से मैं जानता था कि वे इस प्रकार, बीच में ख़ाली कुर्सियाँ नहीं देख सकते। जब कोई आगे नहीं आया तो वे पीछे बैठे उन विद्यार्थियों से संबोधित हुए, "आप सब आगे आ जाइए। बीच की कुर्सियाँ ख़ाली हैं। आप जितनी दूर बैठेंगे, मुझे उतना ही ऊँचा बोलना पड़ेगा। आप क्यों मेरे फेफड़ों पर अनावश्यक बोझ डालना चाहते हैं।" उन विद्यार्थियों के लिए यह जैसे मात्र विनोद ही था। उन्होंने प्रसन्न मुद्रा में एक दूसरे को देखा, किंतु वे अपने स्थान से नहीं उठे। डॉ० कोहली ने रुक कर कुछ क्षण तक प्रतीक्षा की। एक या दो छात्राएँ पीछे से उठ कर आगे आ गईं। शेष छात्र पूर्ववत् ही बैठे रहे।

डॉ० कोहली अपना व्याख्यान रोक चुके थे। मुस्कराते हुए बोले, "शिष्य तीन प्रकार के होते हैं—उत्तम, मध्यम और अधम। जो गुरु-इच्छा को, गुरु-आज्ञा के रूप में शिरोधार्य करते हैं, वे उत्तम शिष्य हैं। गुरु की आज्ञा मिल जाने पर जो उसका पालन करते हैं, वे मध्यम हैं। जो गुरु की आज्ञा सुनकर भी उसका पालन नहीं करते, वे अधम शिष्य हैं। मैं आप से कुछ भी नहीं कहता। बस आप अपनी समझ से अपनी कोटि निर्धारित कर लें।"

वे छात्र झेंप कर अपने स्थान से उठे और आगे की कुर्सियों पर आ बैठे।

• • •

एम०ए० पूर्वार्द्ध में परीक्षाओं से छह मास पूर्व एक पब्लिक स्कूल में हिन्दी-अध्यापक के रूप में मेरी नौकरी लग गई थी। उन दिनों जीविका मेरे लिए अत्यंत महत्त्वपूर्ण थी, अतः मैंने कक्षा में जाना छोड़ दिया।...अप्रैल के अंत में गर्मी की छुट्टियों का वेतन बचाने के लिए विद्यालय ने मुझे नौकरी से अलग

कर दिया। इस अल्प-कालिक नौकरी के कारण आर्थिक स्थिति कुछ सुधरने में आई थी कि फिर पूर्ववत् दुःखदायी हो गई। मन पढ़ाई में अधिक नहीं लगता था। सारा ध्यान जीविका की खोज में केन्द्रित रहता था।

मैं कार्यालय से संबंधित किसी कार्य से कॉलेज गया था। संयोग से वहाँ डॉ० कोहली मिल गए। उन्होंने मुझ से एम० ए० की कक्षाओं में अनुपस्थिति

का कारण पूछा। मैंने उन्हें अपनी नौकरी लगने से छूटने तक की सारी बातें संक्षेप में बता दीं। उन्होंने मेरी बात गंभीरता से सुनी और शाम को मुझे अपने घर आने को कहा।

मैं उनके घर पहुँचा।

चाय के बाद उन्होंने मुझसे पूछा, ''नौकरी तो छूट गई। अब तुम्हारी आय का साधन क्या है?''

"एक ट्यूशन है।" मैंने बताया।

"कितने रुपये मिल जाते हैं?'

"तीन सौ।"

"कितनी देर पढ़ाते हो?"

"दो घंटे।"

"एक ही बच्चे को पढ़ाते हो?"

"जी नहीं, तीन बच्चे हैं। एक ही घर के।"

क्षण भर रुक कर उन्होंने पूछा, "और तुम्हारे पिताजी की पेंशन कितनी है?"

"पाँच सौ रुपये।"

"इतनी कम आय में तुम्हारा घर का गुज़ारा कैसे चल जाता है! बहुत असुविधा और कष्ट होता होगा।" हमारे कष्ट को जैसे वे आत्मसात् कर रहे थे। वे कुछ देर मौन रहे, जैसे कोई उपाय खोज रहे हों। बोले, "मैं चाहता हूँ कि तुम्हें अपनी कुछ रचनाओं की 'डिक्टेशन' दूँ। मुझे 'डिक्टेशन' देने का अभ्यास नहीं है और शायद तुम्हें भी 'डिक्टेशन' लेने का अभ्यास न हो, किंतु इसे हम कुछ दिन प्रयोग के रूप में करेंगे। यदि यह प्रयोग सफल रहा तो 'डिक्टेशन' का कार्य नियमित कर लिया जाएगा। इससे तुम्हारी आर्थिक सहायता भी हो जाएगी और मेरा जो कार्य बृहत् उपन्यासों के कारण छूटता जा रहा है वह तुम्हारे सहारे पूरा हो जाएगा।"

"मेरे सहारे कैसे?" मैंने आश्चर्य व्यक्त किया।

"जब मुझे यह पता होगा कि तुम्हें शाम को 'डिक्टेशन'लेने आना है तो मुझे 'डिक्टेशन' के लिए तैयार रहना होगा और 'डिक्टेशन' देने का बंधन ही स्थगित कार्य को गति प्रदान करेगा।" वे मुसकराए, "मैं तुम्हें केवल एक घंटे 'डिक्टेशन' दूँगा। जो राशि तुम्हें उस दो घंटे की ट्यूशन से मिलती है, वही राशि तुम मुझ से ले लेना।"

मुझे क्या आपत्ति होती। मेरी तो सदा ही यही इच्छा रही कि मैं उनके अधिक-से-अधिक निकट रह सकूँ, उनका सहयोगी बन सकूँ। अंधा क्या चाहे, दो आँखें...। मैं तुरंत सहमत हो गया। प्रयोग सफल रहा और 'डिक्टेशन' का कार्य नियमित रूप से आरंभ कर दिया गया।

एक दिन डॉ० कोहली ने मुझे एक लिफ़ाफ़ा पकड़ाया। लिफ़ाफ़ा डाक से आए किसी पत्र का था, जिस पर उनका नाम और पता टाइप किया हुआ था।

उन्होंने उसे लाल पैन से काट कर उस पर मेरा नाम लिख दिया था।

मैंने लिफ़ाफ़ा खोला। उसमें तीन सौ रुपये थे। मैंने पूछा, "ये किसी को देने हैं क्या? या कुछ लाना है?"

"यह तुम्हारा पारिश्रमिक है।" वे बोले।

जब मैंने लिफ़ाफ़े से रुपये निकाले थे, तब तक मुझे तनिक भी आभास नहीं

था कि मुझे 'डिक्टेशन' लेते हुए एक महीना बीत चुका है और कदाचित् यह मेरा पारिश्रमिक होगा। लिफ़ाफ़े पर अपना नाम देखकर भी मेरा ध्यान इस ओर नहीं गया था, क्योंकि यदि उन्हें किसी को कुछ कहना होता, तो वे अपनी असुविधा के लिए उपयोग में आए लिफ़ाफ़े या कागज़ पर संबंधित व्यक्ति का नाम या

कार्य लिख कर अपनी मेज़ पर इस प्रकार रख लेते थे कि वह कागज़ उनकी दृष्टि के सामने रहे और संबंधित व्यक्ति के आने पर वे उससे उस संदर्भ में बातचीत कर लें।...

मैंने रुपये लौटाने के लिए उनकी ओर बढ़ा दिए, "मैं आपसे रुपये नहीं लूँगा। आप मेरे गुरु हैं और गुरु से सेवाओं का मूल्य नहीं लिया जाता। मैं गुरु-शिष्य परंपरा का अनुयायी हूँ। 'डिक्टेशन' का कार्य मैंने रुपये के लिए नहीं वरन् गुरु-सेवा के रूप में स्वीकार किया है।"

"मैं तुम्हें पारिश्रमिक न दूँ तो यह तुम्हारा शोषण होगा। मैं न तो शोषण करने के पक्ष में हूँ और न करवाने के।" उनका स्वर गंभीर था, "तुम्हें भी यही परामर्श दूँगा कि कभी अपना शोषण मत होने देना। भावनात्मक शोषण भी नहीं।" मुझे उनकी उक्ति निर्जीव-सी लगी। मैंने सोचा, यह तो मेरे लिए अत्यंत अपमानजनक स्थिति होगी कि मैं गुरु से अपनी सेवाओं का मूल्य लूँ।

"इसमें शोषण की बात कहाँ से आ गई?" न चाहते हुए भी मैं अपने मन के विरोध को प्रकट कर गया।

"क्यों? बिना पारिश्रमिक के कार्य करवाना शोषण ही तो है।" वे मुस्कराए, "मैं उन अध्यापकों में से नहीं हूँ जो अपने विद्यार्थियों से अनुचित लाभ उठाते हैं।"

"आप से पारिश्रमिक लेना मुझे बिल्कुल अच्छा नहीं लगेगा।" मेरा स्वर बुझा हुआ था, "इसकी अनुमति न तो मेरा मन देगा और न गुरु-शिष्य परंपरा।"

सहसा उनका स्वर कुछ कठोर हो उठा, "तुम जिस गुरु-शिष्य परंपरा की बात कर रहे हो, उसमें गुरु की इच्छा ही सर्वोपरि होती है। मेरी इच्छा है कि तुम पारिश्रमिक लो, ले लो। गुरु की इच्छा या आदेश के बाद यहाँ शिष्य के सोचने के लिए कोई अवकाश नहीं होता।" स्वर कोमल हुआ और वे मुस्कराए, "तुम पारिश्रमिक माँग कहाँ रहे हो, वह तो मैं तुम्हें दे रहा हूँ।"

मेरा सारा संशय मिट चुका था। मैंने रुपये रख लिए।...उसी शाम मैंने इस घटना को आधार बना कर एक कहानी लिखी :

'गुठलियों का मूल्य'

बहुत पुरानी बात है। किसी बन में एक ऋषि सपरिवार रहा करते थे। पहले तो वे एक आश्रम में अध्यापन कार्य करते थे, किंतु जब से उनके द्वारा लिखे जा

रहे अधूरे साहित्य ने स्वयं को पूरा करने के लिए ऋषि के मन में उथल-पुथल मचानी आरंभ की, तब से ऋषि अध्यापन-कार्य छोड़ अपने ग्रंथों में आ जुटे।

ऋषि ने अपनी दिनचर्या को तीन भागों में बाँटा। पहला चरण प्रातःकाल का था। उसमें वे अपनी गायों की सेवा और यज्ञ इत्यादि किया करते थे। दूसरा चरण लेखन का था—जो संध्या समय तक होता था। उसके पश्चात् विद्वानों और अन्य मुनियों के साथ ज्ञान-चर्चा होती थी।

सारा दिन लिखते-लिखते ऋषि थक जाया करते थे। उन्होंने सोचा, कोई लिपिक मिल जाए तो कितना अच्छा होगा, वे बोलते जाएँगे और वह लिखता जाएगा। इससे उन्हें कितनी सुविधा हो जाएगी।

किंतु लिपिक कौन हो?...उन्हें ऐसा लिपिक चाहिए था जो योग्य होने के साथ विश्वसनीय भी हो। क्योंकि यदि समय से पहले ही वह लिपिक उनके ग्रंथ की बातें इधर-उधर फैलाता रहेगा तो ग्रंथ अपनी मौलिकता की प्रभावशाली छवि स्थापित नहीं कर पाएगा। उन्हें अपना एक शिष्य याद आया जो कि वन के पास वाले गाँव में रहता था। उन्होंने उसे बुलवाया और योजना के अनुसार कार्य आरंभ कर दिया।

जब ग्रंथ पूरा हुआ तो ऋषि ने अपने शिष्य को ग्रंथ लिखने का पारिश्रमिक देना चाहा, किंतु शिष्य बोला, "गुरु जी! आप मुझे कुछ आम खाने को दें और बाद में कभी आप कहें कि उन आमों की गुठलियों की आपको आवश्यकता है, ऐसे में यदि मैं उन गुठलियों का आप से मूल्य माँगता हूँ तो मुझसे अधिक कृतघ्न और कौन होगा? ठीक इसी प्रकार आपने मुझे अपने कार्य के योग्य समझ अपना संग मुझे दिया—क्या यह सौभाग्य पर्याप्त नहीं? इस फल के बदले यदि मैं आपके लिए थोड़ा बहुत लिख भी देता हूँ तो वह लेखन-कर्म तो गुठलियाँ लौटाने की तरह हुआ। क्या मैं आप से गुठलियाँ लौटाने का मूल्य लूँ?

ऋषि ने आशीर्वाद की मुद्रा में शिष्य की ओर हाथ उठा दिया और मुस्करा कर बोले, "तुम जिस परंपरा की बात कर रहे हो, उसमें गुरु का आदेश अंतिम होता है। मेरी इच्छा है कि तुमने गुठलियाँ निकालने के लिए जो श्रम किया है—उस श्रम के सम्मान के रूप में तुम्हें पारिश्रमिक लेना होगा।" ऋषि ने उपहार में एक गाय शिष्य को दे दी।

शिष्य ने नतमस्तक हो गुरु-प्रसाद को स्वीकार किया।

4

मेरी आर्थिक स्थिति अच्छी नहीं थी—यह मैं भी जानता था और डॉ० कोहली भी। फिर भी मेरी सदैव यह इच्छा रहती थी कि मैं उनके लिए कोई-न-कोई उपहार अवश्य ले जाऊँ। और कुछ सूझता नहीं था, इसलिए अवसर मिलते ही मैं फल या सब्जी जैसी प्रतिदिन काम में आने वाली वस्तुएँ ले जाया करता था। जब मैं फल या सब्ज़ी का थैला उनकी ओर बढ़ाता तो वे हँस कर उसे स्वीकार करने के स्थान पर मुझे डाँट देते, ''तुमसे कितनी बार कहा है कि यह सब मत लाया करो। क्या मुझे फल या सब्ज़ी बाज़ार में नहीं मिलती? क्या मेरे पास पैसे नहीं हैं? या बाज़ार मेरे घर से दूर है? और फिर तुमने धन का अपव्यय क्यों किया? तुम रुपये बचाना सीखो। जब तब, कुछ-न-कुछ उठा लाते हो।''

''अच्छा, आप इनमें से एक सेब रख लीजिए।'' मैं कहता।

''अपने परिवार में बैठा मैं अकेला सेब खाऊँ और सब लोग मुझे देखें, क्योंकि फल मेरा शिष्य लाया है।''

''तो आप सारे फल रख लीजिए।''

''नहीं।'' उनका स्वर आदेशात्मक हो उठता, ''मैं नहीं लूँगा। तुम इन्हें वापस ले जाओ।''

मुझे उनका यह उपेक्षापूर्ण व्यवहार बहुत बुरा लगता था। मैं सोचता था कि लोग मंदिर में प्रसाद चढ़ाते हैं और पुजारी उसमें से थोड़ा-सा प्रसाद रख लेता है और शेष भक्तों को लौटा देता है। आखिर वे मेरी भावनाओं को क्यों नहीं समझ पा रहे हैं? मुझे उनका वाक्य,—'जब तब, कुछ-न-कुछ उठा लाते हो।'—बुरा लगता था। उन्हें कुछ देकर मुझे प्रसन्नता होती है, सुख मिलता है, तो उन्हें भेंट स्वीकार करने में क्या परेशानी है? मेरी प्रकृति है कि मुझे जो कुछ प्रिय लगता है, उसे उपहार देना चाहता हूँ। मुझे उसमें सुख मिलता है। मेरे आत्मीय मुझसे

प्रसन्नतापूर्वक उपहार स्वीकार करते भी हैं; इन्हें यह सब क्यों इतना विचित्र और अनुचित लगता है।

डॉ० कोहली का पचासवाँ जन्म-दिवस था। मेरी इच्छा हुई कि मैं उन्हें एक पतलून और कमीज़ का कपड़ा उपहार में दूँ।...मेरा स्वास्थ्य उन दिनों ठीक नहीं चल रहा था। अतः मैं 'डिक्टेशन' के लिए नहीं जा रहा था। आसपास कहीं जाने का भी साहस मैं जुटा नहीं पा रहा था। कोई और ऐसा व्यक्ति सूझ ही नहीं रहा था, जो उन तक मेरा उपहार पहुँचा सके। अंत में मैंने किसी प्रकार हिम्मत जुटा कर स्वयं ही जाना उचित समझा। मन में यह आशंका भी थी कि वे उसे लौटा देंगे, इसलिए मैंने एक बड़े से गत्ते के डिब्बे में उस कपड़े को रखा और उस पर 'डॉ० नरेन्द्र कोहली' लिख, यह सोच कर चल पड़ा कि इसे चुपचाप उनके दरवाज़े पर रख आऊँगा। ऐसी स्थिति में शायद वे इसे स्वीकार कर लें।...पर द्वार पर रख कर लौट आने की नौबत नहीं आई। घर के बाहर ही उनका बड़ा बेटा कार्तिकेय मिल गया। मैंने उसे वह पैकेट थमा दिया। वह नहीं जानता था कि पैकेट में क्या था और मैं यह क्यों दे रहा था। पैकेट लौटाने की बात न वह सोच सकता था, न मैंने उसे इसका अवसर दिया।

कुछ दिन बाद उनका पत्र आया :

प्रिय महेश,

समय-समय पर तुम्हारी ओर से कुछ-न-कुछ मिलता रहा है—पत्र भी और उपहार भी। शुक्रवार की शाम को आ जाओ। यह पत्र समय से न मिले तो शनिवार या इतवार की शाम को आ जाओ।

ठीक होंगे।

शुभाकांक्षी

नरेन्द्र कोहली

जब मैं उनके घर पहुँचा तो उन्होंने मुझे जलपान कराया। मेरे स्वास्थ्य के संबंध में पूछा और मुझे कुछ दिन और 'डिक्टेशन' पर न आ कर, विश्राम करने का परामर्श दिया। वे उठे और कपड़ेवाला वही पैकेट लाकर बोले, "इसे तुम वापस ले जाओ।"

मैंने उसे वापस न लेने की हठ पकड़ ली, "नहीं सर! यह तो आपको स्वीकार

करना ही पड़ेगा।''

वे अत्यंत सहज रूप से मुस्कराए और बोले, ''ठीक है मैंने तुम्हारा यह पैकेट स्वीकार कर लिया। मैं सिले-सिलाए कपड़े खरीदता हूँ। दर्ज़ी के पास जाता ही नहीं। इस कपड़े का क्या करूँगा। किसी-न-किसी को तो देना ही है। तो तुम ही इसे मेरी ओर से उपहारस्वरूप ले लो।''

मुझे उनकी यह नीति संतोषजनक लगी, मेरा चढ़ावा पहली बार प्रसाद बन कर लौटा था। मैंने वह कपड़ा वापस ले लिया।

उनके लाख मना करने पर भी मैं अपने जोड़े हुए रुपयों में से उनके लिए फल ले जाता और डाँट खाने के पश्चात् उसे ज्यों-का-त्यों लेकर घर लौट आता। मैं अपने मन के हाथों विवश था। मेरे मन में उनके द्वारा भेंट लौटाए जाने के पश्चात् अशांति छा जाती थी। मैंने सोचा कि ऐसा कोई मध्यम-मार्ग निकाला जाना चाहिए, जिससे उन्हें यह विश्वास हो जाए कि मैं जो उपहार उनके लिए लाया हूँ, उसे मैंने खरीदा नहीं है। फिर सोचा कि भला ऐसा कौन-सा उपहार हो सकता है, जिसे प्राप्त करने के लिए मुझे कोई मूल्य न चुकाना पड़े। मेरा तो उद्देश्य था कि मैं उन्हें कोई-न-कोई ऐसा उपहार दूँ, जो सदा उनके पास रहे और उनके मन में मेरा स्मरण बना रहे। मुझे एक उपाय सूझा। मैंने पड़ोस में बन रहे मकान में काम कर रहे एक मिस्त्री से माचिस की डिब्बी से दुगने आकार का, संगमरमर का एक टुकड़ा माँगा। उस पर रंग से 'नरेन्द्र कोहली' लिखा और उन्हें दे दिया कि वे 'पेपर वेट' के रूप में उसका उपयोग करें। वह उपहार उन्होंने स्वीकार भी किया।

...पर फल इत्यादि ले जाने की न मेरी इच्छा छूटी और न डाँट कर मुझे वापस लौटाने की उनकी हठ।

• • •

लेखन के उन आरंभिक दिनों में जब मेरी छिट-पुट रचनाएँ छपने लगी थीं, मेरे लिखने और प्रकाशनार्थ रचनाएँ भेजने की गति कुछ बढ़ गई थी; यद्यपि अधिकांश रचनाएँ लौट ही आती थीं। कुछ का पता ही नहीं लगता था और कुछ संपादकों, उप-संपादकों के पास अनिश्चितकाल के लिए विचाराधीन पड़ी रहती थीं। मेरी व्याकुलता बढ़ती जाती और उस व्यग्र मनः स्थिति में मैं डॉ० कोहली से निरंतर पूछता रहता था कि मैंने जो रचनाएँ भेजी हैं, वे छप क्यों नहीं रहीं।

उनका एक ही उत्तर था, 'धैर्य रखो। यह ज्ञान का क्षेत्र है और वर्षों की साधना माँगता है। इतने अधीर मत हुआ करो।'

मैं उनका यह वाक्य सुन लेता था और उस समय मुझे कुछ राहत भी मिलती थी, किंतु फिर वही छटपटाहट मुझे आ घेरती थी, क्योंकि मुझे तो चाहिए था अपनी समस्या का स्थायी समाधान या कोई ऐसा उत्तर जो संतोषजनक होता।...

उन्हीं दिनों मेरे नाम एक पत्र आया, जिसमें लिखा था कि यदि मैं पत्र भेजने वाली संस्था का सदस्य बन जाऊँ तो वे मुझे लेखक बना देंगे। मुझे उस संस्था की सदस्यता प्राप्त करने के लिए पाँच सौ रुपए का शुल्क देना होगा। उस पत्र के भीतर संस्था के संयोजकों और संरक्षकों के कॉलम में अनेक जाने-माने लोगों और राजनेताओं के नाम छपे थे।...मैंने वह पत्र डॉ० कोहली को दिखाया। उन्होंने उस पत्र को पढ़ा और बोले, "महेश, इस संस्था का कोई महत्व नहीं है। ऐसी पचासों संस्थाएँ, केवल रुपये बटोरने के लिए होती हैं। तुम्हें अभी किसी भी संस्था का सदस्य बनने की आवश्यकता नहीं है। लेखक के लिए लिखना आवश्यक है–संस्थाओं की सदस्यता नहीं।"

मैंने क्या, जिसने भी उनकी प्रतिक्रिया जानने के लिए अपनी रचना उन्हें दी, उस रचना को उन्होंने अत्यंत व्यस्तता में से भी समय निकाल कर पूरी ईमानदारी से जाँचा और टिप्पणी दी। मैं उन्हें अपनी प्रत्येक रचना दिखाता। वे उसमें सुधार करते और फिर मैं उसे प्रकाशनार्थ विभिन्न पत्र-पत्रिकाओं में भेजता था।

मैंने एक नाटक लिखा था–जनता फ़्लैट। उन्हें दिखाया। उन्होंने उसे जाँचा और बोले, "यह नाटक नहीं है। इसे नाटक की कसौटी पर खरा उतरने के लिए और सुधरना होगा।"

उन्होंने उस नाटक में अनेक कमियाँ सुझाईं और परामर्श दिया कि इसे दुबारा लिखूँ। नाटक को दूसरी बार लिख कर जब मैंने उन्हें दिखाया तो उन्होंने उसमें और सुधार किया और पुनः उस नाटक पर काम करने को कहा। तीसरी बार में उस नाटक ने अपना अंतिम रूप प्राप्त किया।

समय बीतता गया। मैं सीखता रहा और उनसे अपनी रचनाओं में सुधार करवा कर रखता गया। जब व्याकुलता अधिक बढ़ी तो मैंने उनसे पूछा, "मेरे द्वारा लिखी पुस्तकें छप तो रही नहीं, फिर लिखने का क्या लाभ?"

वे बोले, "लेखक को धावक के समान होना चाहिए। धावक प्रतिदिन दौड़ता

है किंतु उसे हर रोज पुरस्कार नहीं मिलता। प्रतिदिन दौड़ना, उसका उस दिन के लिए किया गया अभ्यास होता है, जिस दिन उसे पुरस्कार मिलना है। अतः लेखन को तुम अपना अभ्यास बनाओ। यह मत सोचो कि प्रत्येक दिन दौड़ कर तुम्हें पुरस्कार मिलेगा। तुम लेखन को साधना मान कर लिखते जाओ। जब साधना रूपी पुष्प खिलने की स्थिति में पहुँच जाता है तो वातावरण स्वतः सुवासित हो उठता है।"

क्रमशः मेरी रचनाओं के प्रकाशन में वृद्धि हुई। अपनी रचना के प्रकाशित होने पर मैं ईश्वर के प्रति कृतज्ञता का अनुभव करता। वही था जो मेरा ध्यान रखता था, अन्यथा ये संपादक तो बस लेखकों का रक्त पीना ही जानते हैं। अधिकांश रचनाएँ अस्वीकृत हाती थीं या उत्तर नहीं मिलता था। मैं दुःखी ही नहीं, असंतुलित भी हो जाता था और संपादकों तथा अन्य संबंधित व्यक्तियों के प्रति मन-ही-मन रोष और घृणा संचित करता रहता। कई बार तो यह भी हुआ कि संपादक महोदय ने कहा कि आपकी रचना आगामी अंक में छप रही है, किंतु या तो वह अंक कभी छपा ही नहीं, या फिर इतने विलंब से छपा कि उस रचना के प्रकाशित होने का कोई सुख ही नहीं रहा। उस दशा में प्रायः मेरा मन संपादकों के प्रति विषाक्त हो उठता था।

• • •

मैंने अपने घर के समीप के सभी विद्यालयों में 'हिन्दी-अध्यापक के पद हेतु' अपना आवेदन-पत्र जमा करवा रखा था और समय-समय पर उनसे नौकरी की प्रार्थना करने भी पहुँच जाता था। अनेक चक्कर काटने के कारण विद्यालयों की प्रधानाचार्या भी मुझे जान गई थीं। अतः अध्ययनावकाश या प्रसूति-अवकाश पर अध्यापिकाओं के जाने की स्थिति में मुझे तदर्थ नियुक्ति मिल जाती थी। विद्यालयों ने मेरा उपयोग सदा वाहन की 'स्टेपनी' के रूप में ही किया।

अपने गुरु की भाँति विद्यार्थियों का तन-मन-धन से विकास करने की भावना मुझे कुछ ही दिनों में विद्यार्थियों का प्रिय अध्यापक बना देती थी।

रोहिणी के सी०आर०पी०एफ० पब्लिक स्कूल में साक्षात्कार हो रहे थे। मैं संयोग से वहाँ पहुँच गया था। वहाँ प्रथम श्रेणी में उत्तीर्ण लोग साक्षात्कार देने आए हुए थे। साक्षात्कार समाप्त होने पर प्रधानाचार्य के कमरे में बैठी साक्षात्कार कमेटी से मैंने भीतर आने की अनुमति माँगी।

"कहिए।"

"जी, मैं यहाँ नौकरी के लिए आया था।"

"आपका साक्षात्कार होना था क्या?"

"जी नहीं, मुझे इस साक्षात्कार की कोई सूचना नहीं थी।...लेकिन मुझे नौकरी की आवश्यकता है। आप यदि मेरा भी साक्षात्कार ले लें तो कृपा होगी।"

"बैठिए!"

पता नहीं उनके मन में क्या था। उन्होंने मेरा मन रखने या मुझे सम्मानजनक ढंग से टालने के लिए मेरा साक्षात्कार लेना स्वीकार कर लिया।

उन्होंने मुझे पाँच शब्द लिखने के लिए कहा। मैंने वे शब्द लिखे। साक्षात्कार-कमेटी-प्रमुख ने वे पाँचों शब्द (उज्ज्वल, संन्यासी, विद्यालय, सम्मिलित, तादात्म्य) अन्य सदस्यों को दिखाए और प्रसन्नता भरे स्वर में मुझसे बोले, "ये पाँचों शब्द अब तक आए उम्मीदवारों में से एक भी शुद्ध लिख कर नहीं दिखा सका।"

इसके बाद उन्होंने मुझसे कुछ व्यक्तिगत और कुछ सामान्य प्रश्न पूछे और संतुष्ट हुए। दैव-योग से मुझे वह अस्थाई नियुक्ति मिल गई।

उस विद्यालय में अभी पंद्रह दिन ही बीते थे कि तीन छात्राएँ मेरे पास तीन पैकेट लेकर आईं। वे उसी प्रकार सहमी हुई थीं, जिस प्रकार मैं अपने गुरु के पास जाते समय सहम जाता था। भय के कारण नहीं, वरन् सम्मान के कारण। मन में सदा आशंका समाई रहती थी कि गुरु के समक्ष कोई ऐसी बात न हो जाए, जिससे उन्हें बुरा लगे और वे अप्रसन्न हो जाएँ।

उन तीनों ने मुझे पैकेट थमाए और बोलीं, "सर, हम आपके लिए गिफ्ट लाई हैं।"

पूछने पर मालूम हुआ कि एक में पैन-सैट, दूसरे में कैल्क्युलेटर और तीसरे में धूम का चश्मा है।"

"पर क्यों?" मैंने पूछा।

"सर, आप मना मत कीजिए।" उनके स्वर में आग्रह था।

"देखो!" मैं कठोर हुआ और अपने स्वर को रुष्ट-सा बनाता हुआ बोला, "जिस दिन तुम स्वयं अपने पैरों पर खड़ी हो जाओगी और मेरे लिए उपहार लाओगी

तब मैं मना नहीं करूँगा। अभी पढ़ो-लिखो। मेरी खुशी इसी में है कि तुम अपना विकास करो।''

और प्रायः इसी प्रकार मैंने अपनी आदेशात्मक डाँट के द्वारा समय-समय पर अपने अनेक विद्यालयों के विद्यार्थियों को उनके उपहारों के साथ लौटाया।

मेरी बुद्धि ने मेरे मन से प्रश्न किया, ''तू क्यों उन उपहारों को लौटा देता है, जिन्हें तेरे विद्यार्थी इतने आदर के साथ लाते हैं?''

मन बोला, ''वे असमर्थ हैं। अपने माता-पिता पर आश्रित हैं। और इस प्रकार उपहार लेते रहने से कदाचित् मैं लोभी हो जाऊँ। लोभी न भी हुआ तो स्वयं को इस बात के लिए क्षमा नहीं कर पाऊँगा कि उस भेंट के लिए विद्यार्थी ने अपने आपको किसी आवश्यक वस्तु से वंचित किया है।''

आज जब मैं स्वयं गुरु के स्थान पर खड़ा हो कर अपने विद्यार्थियों की आर्थिक स्थिति का विश्लेषण कर उचित-अनुचित का वही अंतर-स्पष्ट कर रहा हूँ, जो मेरे गुरु किया करते हैं, तो लज्जा के मारे पलकें झुक जाती हैं कि गुरु के उचित कर्म को मैं अनुचित क्यों मानता रहा।

5

'महाभारत की अर्थ-प्रकृति' पुस्तक का कार्य सम्पन्न हुआ। प्रकाशन के समय इसका नाम 'जहाँ है धर्म, वहीं है जय' रखा गया। इस पुस्तक को तिथिबद्ध करते समय मैंने बहुत कुछ सीखा। नियमित लेखन का मैं अभ्यस्त हुआ, और समझा कि कथा तब तक सफल और पूर्ण नहीं होती जब तक कि वह पाठक के प्रत्येक प्रश्न का संतोषजनक उत्तर न दे।

यह निबंधात्मक पुस्तक थी, किंतु फिर भी डॉ० कोहली ने इसे औपन्यासिक जामा पहनाया, जिससे तर्क भी सरस और सजीव हो उठे। इस बीच मैं अपनी रचनाएँ भी उन्हें दिखाता रहा और संशोधन के पश्चात् प्रकाशनार्थ यत्र-तत्र भेजता रहा।

अब प्रश्न था कि डॉ० कोहली मुझे कौन-सा कार्य सौंपे। वे इन दिनों स्वामी विवेकानंद के जीवन पर आधृत उपन्यास 'तोड़ो, कारा तोड़ो' का पहला खंड 'निर्माण' लिख रहे थे। उसकी रचना के दौरान वे अन्य सभी कार्य भूल चुके थे। कोई नई रचना आरंभ करके वे मुझे पुनः 'डिक्टेशन' के लिए बुलाते—ऐसी आशा मुझे न थी। मेरी इच्छा तो कभी उनसे दूर रहने की रही ही नहीं, इसलिए अब भी मैं किसी-न-किसी व्याज से उनके पास बना रहना चाहता था, अपना विकास करना चाहता था।

"अब तुम्हारे योग्य मुझे कोई कार्य दिखाई नहीं देता, इसलिए जब तक कि कोई दूसरा काम न सूझे, तब तक तुम विश्राम करो।" डॉ० कोहली भी जैसे विवश हो, कह रहे थे।

"क्या मेरे योग्य अब आपके पास कोई कार्य नहीं?" मेरा स्वर उन्हें पुनः सोचने के लिए कह रहा था।

वे कुछ क्षण सोचते रहे और फिर बोले, "'तोड़ो, कारा तोड़ो' चूँकि उपन्यास

है, इसलिए इसमें कथा के निरंतर प्रवाह और लेखनी के मध्य संतुलन की बहुत आवश्यकता है। 'डिक्टेशन' में इस प्रकार का कार्य में करवा सकूँगा, ऐसा मुझे लगता नहीं। ...फिर भी एक काम हो सकता है। ..."

उनके क्षणिक मौन को देखकर मैं आशापूर्ण स्वर में बोला, "क्या काम है वह?"

"यही कि शाम के समय मैं अपना लेखन एक घंटा पहले रोक दूँ और उस समय तुम्हें इस उपन्यास से जुड़े महत्त्वपूर्ण व्यक्तियों के नाम, परिचय, प्रसंगों और उन तिथियों की डिक्टेशन दूँ, जिनका उपयोग आने वाले अध्यायों और आगामी खंडों में होना है।"

मैं प्रसन्न था क्योंकि मेरी इच्छा पूरी हुई थी।

वे स्वामी विवेकानंद से संबंधित पुस्तकों की आवश्यक एवं महत्त्वपूर्ण पँक्तियों, अनुच्छेदों और पृष्ठों को रेखांकित करके रखते थे और फिर मुझे क्रमानुसार उनकी 'डिक्टेशन' दे देते । यह कार्य, पहले कार्य की भाँति रुचिकर न था। इसमें मुझे केवल तथ्य समेटने होते थे, किंतु मेरे मन ने मेरी रुचि इस कार्य के प्रति भी पैदा कर दी। उसने मुझसे कहा, "जिस कार्य को तुम अरुचिपूर्ण बता रहे हो, वही कार्य तुम्हारे गुरु के लिए अत्यंत महत्त्वपूर्ण है और यह उस उपन्यासरूपी प्रासाद की कच्ची सामग्री है, जिसका दर्शन भविष्य में सब के लिए सुखद होगा, तो क्या तुम..."

मेरे लिए मन का इतना मार्गदर्शन ही पर्याप्त था। मुझे इस कार्य में भी आनंद आने लगा। मुझे लगा कि जैसे एक लंबी सीमा तक आनंद का क्षेत्र हमारे ही हाथ में होता है—अंतर केवल अनुभूति का हो जाता है। ...इसीलिए अपने गुरु से संबंधित प्रत्येक व्यक्ति, गुरु-पत्नी, गुरु-पुत्र, गुरु-भाई, गुरु-मित्र, इन सबमें मैं ठीक उसी प्रकार गुरु के दर्शन करता हूँ, जिस प्रकार भक्त संसार के प्रत्येक परमाणु में ईश्वर को देखता है। इसीलिए मैं इनके लिए किए गए कार्यों में भी वही सुख प्राप्त करता हूँ, जो गुरु-कार्यों में मुझे मिलता है।

जानकारी एकत्रित करने का अपेक्षित कार्य भी पूर्ण हुआ। अब पुनः डॉ० कोहली के सामने यह संकट खड़ा हो गया कि मेरे योग्य क्या कार्य खोजा जाए। वे चाहते थे कि उनसे मुझे आय का जो एक साधन प्राप्त है—वह बना रहे। वे इस बहाने निरंतर मेरी सहायता करना चाहते थे और अपने प्रति मेरी आसक्ति को भी वे अब तक अनुभव कर चुके थे। वे बोले, "मैं शाम को पाँच

बजे लिखना रोक देता हूँ। उसके बाद का समय आगंतुकों के लिए है और अब ऐसा कोई कार्य नहीं बचा, जिसे मैं पाँच बजे के बाद तुमसे कराऊँ...कार्य तो बहुत हैं, किंतु उनके लिए इस समय मेरे पास अवकाश नहीं है। मेरे मन में यह है कि चार बजे मैं 'तोड़ो, कारा तोड़ो' उपन्यास की डिक्टेशन तुम्हें दूँ और पाँच बजे हम लेखन रोक दें। उपन्यास की डिक्टेशन मैंने कभी नहीं दी। इसलिए यह भी प्रयोग है, जैसा प्रयोग हमने 'महाभारत की अर्थ-प्रकृति' के लिए किया था। किंतु यहाँ मुझे संदेह है कि यह प्रयोग सफल होगा भी या नहीं।"

"संदेह का कारण?" मैंने पूछा।

"वह पुस्तक निबंधात्मक थी। उसकी डिक्टेशन देने के लिए सब कुछ मेरे मन में तय था...तय तो इसके लिए भी सब कुछ है, किंतु यहाँ तो ऐसा होगा कि तुम आओगे और उसी समय मैं लिखना रोक कर कागज़-क़लम तुम्हारी ओर सरका दूँगा और बोलना आरंभ कर दूँगा। उस समय स्थिति के क्रम में परिवर्तन आएगा।"

"क्या परिवर्तन आएगा?" जिज्ञासा बोल उठी।

"यही कि मुझे लगेगा कि तुम बैठे हो तो मुझे कुछ-न-कुछ बोलना ही है। मनन से अधिक महत्त्वपूर्ण हो जाएगा कथन। इस व्याकुलता में संभवतः सृजन बाधित हो। ...खैर जाने दो, हम प्रयोग करते हैं।"

आरंभ में इस लेखन की गति धीमी रही, किंतु बाद में सब सामान्य हो गया।

इस बीच मैंने कई नौकरियाँ बदलीं। मेरे प्रत्येक नए विद्यालय की दूरी और समय के अनुसार ही डॉ० कोहली डिक्टेशन का समय निश्चित् करते हैं। ...अब जिस विद्यालय में मेरी नौकरी लगी थी, वह भी घर के समीप था इसलिए दो बजे स्कूल से घर लौटता था। दो से तीन बजे तक अपने छोटे-मोटे काम कर लेता था। अनेक बार सोया रह जाने के कारण डिक्टेशन लेने न जा पाता। उस समय मुझे बहुत दुःख होता था कि वे मेरी प्रतीक्षा में बैठे रहे होंगे और इधर मैं सोया रहा। मेरा पूरा ध्यान रहता था कि प्रत्येक स्थिति में मैं चार बजे उनके सम्मुख उपस्थित हो जाऊँ। घर में चाहे कोई अतिथि आ जाए या कोई आवश्यक कार्य ही क्यों न हो, मेरा उनके पास पहुँचना निश्चित था। ...हाँ कोई अपरिहार्य कारण हो तो मेरा नियम-भंग हो जाता था।

• • •

पंद्रह अगस्त के उत्सव को धूमधाम से मनाने के लिए हमें 'कार्यक्रम' के लिए सामान इत्यादि लाना था, इसलिए हम स्कूल में रुके हुए थे। दो बजे छुट्टी के बाद कुछ अध्यापकों ने बाज़ार से खाना मँगवा कर विद्यालय में ही खाने का कार्यक्रम बनाया। कमेटी में मेरा नाम नहीं था, फिर भी सहयोगियों के आग्रह पर सहायता या साथ के लिए मैं तीन बजे तक उनके साथ रुका रहा और फिर चलने की अनुमति माँगी। उन्होंने जाने का कारण पूछा तो मैंने उन्हें याद दिलाया कि मैं चार बजे 'डिक्टेशन' लेने जाता हूँ। वे कहाँ मानने वाले थे। उन्होंने मुझ पर मैत्री का बहुत दबाव डाला कि यदि मैं एक दिन नहीं गया तो कोई आसमान नहीं फट पड़ेगा ...

वे मेरी गुरु-भक्ति पर प्रायः हँसा करते थे। आज भी वे लोग उसी मुद्रा में थे, किंतु जब मैंने उनका कोई भी दबाव नहीं माना और चलने के लिए उठ खडा हुआ तो एक अध्यापक ने मुस्करा कर कहा, "जरूर इसके गुरु की कोई जवान लड़की होगी, तभी तो यह हर समय उनके घर जाने की रट लगाए रहता है। हर वक्त उनके काम के लिए भागता-फिरता रहना चाहता है, वर्ना ऐसा कोई कारण नहीं है कि यह एक दिन अपने गुरु के दर्शन से स्वयं को वंचित नहीं कर सकता।"

मैं सन्न रह गया। मेरे लिए यह सर्वथा अकल्पनीय था। व्यंग्य तो दोष पर किया जाता है, गुणों पर नहीं। गुरु-भक्ति भी दोष है क्या? क्या लोग ऐसा भी सोच सकते हैं? यदि कहीं सचमुच डॉ० कोहली की कोई पुत्री होती तो?

• • •

मैं 'डिक्टेशन' लेने पहुँचा। उन्होंने कागज़-कलम मेरी ओर सरका दिए। आज वे कुछ असाधारण दिखलाई दे रहे थे। उनके मुख पर 'तोड़ो, कारा तोड़ो' के चौथे अध्याय की 'डिक्टेशन' देते हुए जो अलौकिक भाव मैंने देखे थे—उन्हीं भावों का साम्राज्य आज अपूर्व था। मेरा मन किसी 'शक्ति' की अनुभूति अपने चारों ओर कह रहा था। मुझे लग रहा था कि जैसे सारा वातावरण शांत होते हुए भी संगीतमय और सुगंधित है। मन में से क्षण भर को जैसे सारे विकार तिरोहित हो गए थे।

अब तक 'तोड़ो, कारा तोड़ो' के बीस अध्यायों के कुछ-कुछ प्रसंग मैंने लिपिबद्ध किए थे, किंतु उनको क्रमिक रूप से पढ़ने का लोभ संवरण नहीं कर पाया था,

इसलिए स्वयं को उनसे जोड़े रखता था। इन प्रसंगों को पढ़ते और लिपिबद्ध करते समय में एक अद्भुत आह्लाद पहले से ही मेरे भीतर सुगंध बन समा चुका था। डॉ० कोहली की आँखें कुछ बंद-सी हुईं और उनका अपूर्व ओजस्वी स्वर उच्चरित हुआ, "उन्हें बैलगाड़ी से यात्रा करते हुए कई दिन हो गए थे। मार्ग में रात के

समय रुकना भी पड़ा था, किंतु भुवनेश्वरी को लगा कि उसके पति द्वारा भेजे गए मार्गदर्शक और सहायक इन यात्राओं के पर्याप्त अभ्यस्त हैं। शायद इसीलिए विश्वनाथ ने उन्हें भेजा भी था कि जब कभी वे लोग मार्ग में रुकें, तो उन्हें घर की-सी सुविधाएँ प्राप्त हो सकें। बैलगाड़ियाँ पँक्तिबद्ध हो कर एक लय में चल रही थीं। सबसे अंतिम बैलगाड़ी में सामान के साथ अकेला नरेन्द्र था। वह सामान के सहारे अधलेटा-सा बैठा था। उसने यह व्यवस्था इसी दृष्टि से की थी कि पीछे

रह कर वह इस बात का ध्यान रख सके कि शेष लोग और सारा सामान उसके आगे-आगे जा रहा है।

इस यात्रा में दीर्घकालीन एकांत के कारण नरेन्द्र अपने ही साथ बहुत सारी बातें करने लगा था। वस्तुतः जीवन में ऐसा अवसर पहली बार ही आया था, और ऐसे अनुभव भी उसे पहली बार ही हुए थे। उसने पाया कि बाहर के दृश्यों में उसकी रुचि बहुत बढ़ गई थी। वह लगातार कुछ-न-कुछ नया देखता रहता था और मन-ही-मन उसे विचारों की एक बड़ी शृंखला में बुनता रहता था।

बैलगाड़ी सघन वन के भीतर से गुजर रही थी। दोनों ओर वृक्ष-ही-वृक्ष थे, हरियाली का सौंदर्य मन को मुग्ध करने वाला था। कहीं छोटे वृक्ष थे, कहीं बड़े। ...और नरेन्द्र सोच रहा था—अद्भुत हैं ये वृक्ष...कैसे-कैसे रूपाकार...कलकत्ता में तो मैंने कभी इनकी कल्पना भी नहीं की थी, न कभी सोचा था कि वृक्ष इतने सुंदर भी हो सकते हैं ...कहीं ये एक-दूसरे के इतने निकट हैं कि जैसे साथ-साथ खड़े वार्तालाप कर रहे हों और कहीं जैसे रूठकर कुछ दूर हट गए हों। ...जहाँ लताएँ भी हैं, वहाँ तो लगता है कि जैसे स्वर्ग से उन वृक्षों पर भगवत्-कृपा का आवरण आ पड़ा है। ...और ये लंबे-लंबे ऊँचे वृक्ष, जैसे स्वर्ग तक की सीढ़ी हों। ...ओह! कैसे-कैसे जीव-जंतु हैं यहाँ। ...और ये पक्षी! इनका संगीत! कैसे-कैसे रंग-बिरंगे पक्षी मैंने भी पाले हैं, किंतु ऐसा तो उनमें एक भी नहीं था। एक पक्षी हाथ में आ जाए तो मनुष्य उसके रंगों को ही निरखता रह जाए। उसकी आकृति ...और उसकी कंठ-ध्वनि...कौन स्रष्टा है उनका? क्या मनुष्य के पास इस कारीगरी का एक अंश भी है?...कहीं से आकाश दिखाई देता है, तो कैसे प्यारे रंग छिटके होते हैं उस पर। संसार का अद्भुत-से-अद्भुत चित्रकार सारा जीवन श्रम करके भी, उनमें से एक रंग को भी नहीं पा सकता।...और कहीं से प्रकाश, वृक्षों के बीच से छन कर आ रहा है तो जैसे अंधकार और प्रकाश का कोई अद्भुत अलौकिक खेल आरंभ हो जाता है...

बैलगाड़ियाँ विंध्य क्षेत्र की छोटी-बड़ी पहाड़ियों के मध्य के मार्ग से गुजर रही थीं। पहाड़ कहीं ऊँचे थे, कहीं नीचे। कहीं गलबाँही दिए हुए और कहीं एक दूसरे से उचित दूरी बनाए हुए।...

सहसा नरेन्द्र की दृष्टि दो ऊँची चट्टानों पर पड़ी, जो एक दूसरे की ओर झुककर जैसे आलिंगन कर रही थीं। एक चट्टान की लंबी-सी दरार में मधुमक्खियों

का एक विराट छत्ता था और लाखों की संख्या में मक्खियाँ उसमें भनभना रही थीं...

...अद्भुत! अद्भुत!! ऐसा दृश्य तो मैंने आज तक नहीं देखा।...नरेन्द्र ने सोचा—'यह तो जैसे मधुमक्खियों का साम्राज्य बसा हुआ है। और कैसा अद्भुत स्थान खोजा है उन्होंने, जैसे हिमालय की सुरक्षापूर्ण छाया में किसी ने भारतवर्ष बसाया हो। इसमें इनकी रानी मक्खी होगी और लाखों की संख्या में ये उसकी सेविकाएँ होंगी। सबके लिए आवास होगा, सब के लिए भोजन का प्रबन्ध होगा, सबकी रक्षा होती होगी, सबका मान-सम्मान होगा, पद और मर्यादा होगी।...और कितनी सूक्ष्म तथा परिष्कृत व्यवस्था है, कला है, निर्माण कार्य है, यह सारा साम्राज्य मधु तैयार कर रहा है...ये मक्खियाँ सोचती होंगी कि यह छत्ता उन्होंने बनाया है, यह मधु उन्होंने तैयार किया है। वे अपने भविष्य के लिए मधु संचित कर रही हैं।...पर क्या यह उन्होंने ही बनाया है? वे समर्थ हैं यह बनाने में? वे अपनी सीमित बुद्धि से यह सोच भी नहीं सकतीं कि वे किसी और का यंत्र-मात्र हैं। ...कार्य तो किसी और का है और उसका श्रेय स्वयं लेकर दंभ से फूल कोई और रहा है। पुष्प को शरीर किसने दिया? सूर्य के प्रकाश, पवन के झकोरों तथा जल-बिंदुओं से उस पुष्प में रस किसने उत्पन्न किया? ...पुष्प सोचता होगा कि मकरंद उसने बनाया है...और अभी कोई मनुष्य इस छत्ते को उतार कर उसमें से मधु निकाल लेगा तो शीशियाँ भरते हुए, स्वयं को मधु का निर्माता समझने लगेगा।...उपकरण अपने आपको निर्माता क्यों समझने लगता है? वह अपने निर्माता, उसके माध्यम से कर्म करने वाले उस कर्ता का ध्यान क्यों नहीं करता? अहंकार के कारण? नहीं यह अहंकार भी नहीं है। यह तो चोरी है। दूसरों की कृति को अपने नाम से प्रकाशित करना, दूसरे के कर्म का यश स्वयं लेना।... और इस पर विश्वास करना कि वह सचमुच हमारी ही उपलब्धि है, हमारी अपनी सृष्टि है...'

'मैं अपने स्रष्टा के बहुत सीमित रूप को देख रहा हूँ...' नरेन्द्र सोचता चला गया, "मेरी दृष्टि ही बहुत सीमित और संकीर्ण है। मधुमक्खियाँ, उनका छत्ता और मधु ही तो उस स्रष्टा की शक्ति की चरम सीमा नहीं है। उसने इस प्रकार के करोड़ों जीव-जंतु बनाए हैं। उसने करोड़ों ब्रह्मांड बनाए हैं, और एक-एक ब्रह्मांड में करोड़ों ग्रह-उपग्रह हैं। प्रत्येक ग्रह-उपग्रह में ऐसी करोड़ों चमत्कारिक सृष्टियाँ हैं। मैं तो कल्पना भी नहीं कर सकता कि उसकी शक्ति और सामर्थ्य की सीमा

क्या है...

'उसके विषय में जानने के प्रयत्न में सोचने से मस्तक फटने लगता है। उसके विषय में जानना संभव नहीं है। उसके सम्मुख तो मस्तक झुकाया ही जा सकता है...कितना सुख है उसके सम्मुख मस्तक झुका देने में। स्वयं अपने अहंकार को उसके चरणों में समर्पित कर देने में। मैं तो उसकी सृष्टि का एक छोटा-सा कण हूँ। मुझमें इतनी क्षमता कहाँ कि दृष्टि उठा कर उसे देखूँ, उसके विषय में जानने का दुस्साहस करूँ। मैं तो उसकी कीर्ति को अपनी सीमित बुद्धि से गा भर सकता हूँ... ।'

नरेन्द्र की आँखें बंद होने लगीं।...बाहर की चेतना जैसे लुप्त हो गई। ... वह अपने भीतर-ही-भीतर लीन होता गया। उसे लगा, उसके चारों ओर, रंग-ही-रंग हैं, प्रकाश-ही-प्रकाश। ...कभी वह सारा प्रकाश बिखर कर विभिन्न दिशाओं से उसके भीतर समा जाता है...और कभी वह स्वयं उस प्रकाश में समा कर विलीन हो जाता है।...

कितनी देर बाद उसकी चेतना लौटी, वह नहीं जानता। उसकी आँखें खुलीं तो चकित हो कर उसने देखा...वह कहाँ आ गया था? मधुमक्खियों के छत्ते वाला वह स्थान तो कहीं पीछे छूट गया था। ...उसे क्या हो गया था...उसने जो रंग और दृश्य देखे थे, वे क्या थे?...हे प्रभु! क्या तुम मेरे पास आए थे मेरे प्रभु? ...यह कैसा अनुभव था मेरे ईश्वर! साधारण शब्दों में जिसकी किसी से चर्चा भी नहीं हो सकती..."

यह वह प्रसंग था, जब नरेन्द्र अर्थात् स्वामी विवेकानंद को पहली बार भावावेश हुआ था। मुझे लगा कि यह भावावेश जैसे डॉ० कोहली को हो गया है और वे ज्योति-दर्शन कर रहे हैं। ...मैं तो यह सोच-सोच कर चकित था कि 'डिक्टेशन' लेने पर मैं स्वयं अध्यात्म में इतना रोमांचित हो उठा हूँ तो उनकी स्थिति क्या होगी, जिनके भीतर से यह प्रस्फुटित हो रहा है?...नागार्जुन की कविता मेरे अंतर में गूंज उठी :

शिवजी की तीसरी आँख से
निकली महाज्वाला में
घृत मिश्रित समिधा सम
कामदेव जब भस्म हुआ था

रति का क्रंदन सुन
तब, तुमने ही तो
दृग धोए थे।
कालिदास सच-सच बतलाना
रति रोई, या तुम रोए थे?

जैसे-जैसे 'तोड़ो, कारा तोड़ो' की रचना आगे बढ़ती गई, वैसे-वैसे मेरी प्रवृत्ति अध्यात्म की ओर बढ़ती गई। 'डिक्टेशन' के समय मैं अनुभव करता था कि जैसे ईश्वर चर्चा का एक-एक शब्द जो रामकृष्ण परमहंस और नरेन्द्र (स्वामी विवेकानंद) के मुख से उच्चरित हुआ है, वह शब्द किसी पत्थर के समान मेरे हृदय-सरोवर की तलहटी में पैठता जा रहा है। दैनिक-जीवन में भी मेरे भीतर से केवल ईश्वर-चर्चा निकलती थी। लगता था जैसे ईश्वर यहीं-कहीं छिपा, मुझ से आँख मिचौनी खेल रहा है ...किंतु ईश्वर सुविधा से कहाँ प्राप्त होता है? हाँ! उसकी अनुभूति, मुझे उसकी राह में बढ़ा अपना पहला कदम अवश्य लगा।

मुझे डॉ० कोहली के सभी पौराणिक उपन्यासों में एक उच्च आदर्श और स्वच्छ जीवन दिखाई दिया जो किसी तीव्रगामी रथ की भाँति मनुष्य को आकाश की ओर उड़ाए-सा ले जाता है।

मुझे लगता था जैसे इनके उपन्यास 'अभिज्ञान' का सुदामा और भगवान् कृष्ण ये दोनों मेरे ही भीतर हैं, किंतु इनके गुणों को जब-जब मैंने अपने जीवन में उतारने का प्रयत्न किया तब-तब पर्याप्त भौतिक कष्ट पाया। स्वच्छ जीवन जीने के प्रयत्न में कई बार मेरी दशा उस व्यक्ति के समान हुई है, जो अपने श्वेत और उज्ज्वल वस्त्रों को मलिन होने के भय से बचाने के प्रयत्न में इधर-उधर देखता हुआ बढ़ता जा रहा हो और अकस्मात् कोई अपने घर की छत से उस पर कूड़ा फेंक दे।

• • •

दूरदर्शन वालों का यह पूरा प्रयत्न रहता है कि वे अपने धारावाहिक की प्रत्येक किश्त का समापन किसी रहस्य पर करें, जिससे दर्शकों में कौतूहल और जिज्ञासा बनी रहे। यही स्थिति 'तोड़ो, कारा तोड़ो' का आलेख तैयार करने में उत्पन्न होती रही थी। इसका कारण यह नहीं था कि डॉ० कोहली जानबूझकर कुछ प्रसंगों को रहस्यमय ढंग से रोक देते थे। इसके प्रायः दो कारण रहा करते थे। एक तो किसी

आगंतुक का अकस्मात् आ जाना और दूसरा, लिखने की एक घंटे की अवधि का पूरा हो जाना। पाँच बजते ही वे डिक्टेशन रोक देते थे। मैंने एक बार उनसे कहा, "आप और लिखवा लीजिए।"

वे शांत स्वर में बोले, "कब, कहाँ और कितना लिखवाना है, यह मुझे पता है। तुम मुझे अपनी गति से चलने दो।"

...इसके बाद जब भी वे काम को रोक देने के लिए कहते, तो मैं तुरंत उसे रोक देता।...गत दिवस भी कथा ऐसे ही मोड़ पर रुकी थी अतः मेरे मन में यह कौतूहल बना हुआ था कि उसके बाद क्या हुआ होगा?

डॉ० कोहली उस समय लिखे जा रहे प्रसंग का अनुच्छेद पूरा कर रहे थे। मैंने तुरंत 'तोड़ो, कारा तोड़ो' की फ़ाइल उठाई और सावधानीपूर्वक पृष्ठों को पलटने लगा। यह तो निश्चित ही था कि वे कल वाले प्रसंग को पूरा कर चुके होंगे। मैं उस पृष्ठ पर पहुँचा, जहाँ कल तक मैंने लिखा था। उससे आगे डॉ० कोहली का लिखा हुआ था। मैंने मन-ही-मन पढ़ना शुरू करने की मुद्रा बनाई ही थी कि वे बोले, "नीचे जाओ, और विनोद से कहो कि दो कॉफ़ी बना लाए।"

मैं जब ऊपर आया तो डॉ० कोहली ने 'जवाब देने वाली डाक' में से तीस-चालीस के लगभग पत्रों का ढेर निकाला और मेज़ पर फैला दिया, "लेखन की व्यस्तता में इनके उत्तर देने का काम रोज़ टलता जा रहा है, इसलिए आज से इन्हें निबटाना आरंभ करते हैं।"

"तो क्या आज आप उपन्यास की 'डिक्टेशन' नहीं देंगे?" मैंने पूछा।

"नहीं।" वे बोले, "अब सप्ताह भर तक तुम्हें इन पत्रों के उत्तर की 'डिक्टेशन' लेनी है।"

मैंने फ़ाइल यथास्थान रखी और 'डिक्टेशन' लेनी आरंभ कर दी।

पाठकों को उनसे यह शिकायत प्रायः रहने लगी है कि वे अपने हस्तलेख में उन्हें उत्तर क्यों नहीं देते। उनका प्रयत्न यही रहता है कि वे अपने हाथों पत्रों के उत्तर लिखें और अधिकतर पत्रों के उत्तर वे स्वयं लिखते भी हैं, किंतु वे यह उपालंभ नहीं सुनना चाहते कि 'नरेन्द्र कोहली तो पत्रों के उत्तर देते ही नहीं।' इसलिए आवश्यकता होने पर अनेक पत्र वे मुझे 'डिक्टेट' करा देते हैं।

अभी मैंने दो पत्र ही लिखे थे कि कॉफ़ी आ गई।

"लिखते रहो और बाएँ हाथ से कप थामे कॉफ़ी भी पीते रहो। 'डिक्टेशन'

रोक कर कॉफ़ी पीने को कहूँगा तो तुम्हें कॉफ़ी खत्म करके, लिखने की धुन सताती रहेगी। कॉफ़ी का आनंद तुम प्राप्त ही नहीं कर पाओगे।'' डॉ० कोहली मुस्कराकर बोले।

पत्रों के उत्तर देकर वे लिफ़ाफे फाड़ रहे थे। मेरा ध्यान उन लिफ़ाफ़ों पर लगी डाक-टिकटों पर अटका। मैंने देखा कि वे उन लिफ़ाफ़ों को भी निर्द्वन्द्व भाव से फाड़ते जा रहे हैं, जिन पर लगी डाक-टिकटें मुहर न लगने के कारण पुनः उपयोग

में लाई जा सकती हैं। मैंने सोचा, शायद उन्हें इस बात का ध्यान ही न हो...

"सर! इन टिकटों पर डाक-विभाग की मुहर नहीं है।''

"मुझे मालूम है।'' वे लिफ़ाफ़ा फाड़ते हुए सहज भाव से बोले।

"तो आप इन्हें उतारते क्यों नहीं?" मेरे स्वर में पर्याप्त आश्चर्य था।

"क्या होगा इन्हें उतार कर?" उन्होंने अपनी दृष्टि मुझ पर टिका दी।

"इनका उपयोग दुबारा किया जा सकता है।" मैंने उन्हें बताया।

"इनका उपयोग एक बार हो चुका है। जिस पत्र को गंतव्य तक पहुँचाने का भार टिकटों पर था, उसका वाहन ये कर चुकी हैं। इनका पुनः उपयोग चोरी है।" उन्होंने एक और लिफ़ाफ़ा कूड़ेदान को सुपुर्द कर दिया।

डाक-टिकटों के पुनः उपयोग किए जाने के लोभ का संवरण मैं नहीं कर पाता। वे जाने कैसे कर लेते हैं।

मेरी इस बार-बार की आपत्ति को वे बहुत दिनों तक टालते रहे, किंतु जब मैं नहीं टला तो बोले, "देखो, हमें दूसरों को दिखाना मात्र नहीं है कि हम स्वच्छ जीवन जीते हैं, हमें वस्तुतः स्वच्छ जीवन जीना है। टिकट पर मुहर नहीं लगी, अतः डाक-विभाग हमारी चोरी नहीं पकड़ पाता, किंतु हम तो जानते हैं न कि हम चोर हैं। यदि हम अधर्म उसी सीमा तक करें, जहाँ तक हम पकड़े नहीं जाते, तो हम निरंतर, अपराध, अधर्म और पाप करते चलेंगे।"

"कैसे सर?"

"देखो!" वे बोले, "एक बार एक सभा के आरंभ में संयोजक महोदय ने मेरा परिचय कराते हुए कहा कि ये डॉ० नरेन्द्र कोहली हैं। इनके माता-पिता महान् विद्वान् थे ...मेरी बोलने की बारी आई तो मैंने सबसे पहले यही स्पष्ट किया कि मैं शिक्षित परिवार से नहीं हूँ। मेरी माता निरक्षर हैं और पिता भी अपने नेत्र-रोग के कारण आठवीं-नौंवी में ही विद्यालय से उठा लिए गए थे।" वे रुके, "बैतुल में एक समारोह में मेरा परिचय प्रोफेसर नरेन्द्र कोहली कह कर कराया गया। ...मंच पर आते ही मैंने अति सम्मानपूर्वक स्पष्ट किया की मैं 'प्रोफेसर' नहीं, मात्र 'लैक्चरर' हूँ। ...एक मित्र वकील ने तीस हजारी कचहरी में एक मजिस्ट्रेट से प्रशंसापूर्वक मेरा परिचय करवाते हुए कहा, 'ये डॉ॰ नरेन्द्र कोहली हैं। सुप्रसिद्ध हिन्दी-साहित्यकार। इन्होंने सौ से अधिक पुस्तकें लिखी हैं।'

"मुझ से रहा नहीं गया। मैं उन वकील महोदय की बात काटना नहीं चाहता था, किंतु उस झूठ को पचा नहीं सकता था, अतः बोला 'यह इन की सदाशयता ही है। वैसे मेरी लिखी पुस्तकों की संख्या पचास के आस-पास ही है।"

मैं टिकटों की बात भूल गया। मेरा ध्यान उनके व्यवहार के इस पक्ष पर अटक

गया। यह क्या बात हुई कि एक व्यक्ति उनकी प्रशंसा कर रहा है और वे हैं कि उसकी बात का, उसी के सामने खंडन कर रहे हैं। उसे उसके मित्रों के सम्मुख झूठा बना रहे हैं। यह कैसा शिष्टाचार है?

"यदि किसी व्यक्ति से भ्रमवश या आपके प्रति सम्मानवश कुछ अतिश्योक्तिपूर्ण कहा गया तो आप उसे ठीक करने में क्यों जुट जाते हैं? उसे सहज या सामान्य मान कर मौन क्यों नहीं रह जाते?"

डॉ० कोहली ने मुझे क्षण भर देखा। शायद उन्हें लगा हो कि आज मेरे द्वारा उनके विरोध में अकस्मात् यह प्रश्न कहाँ से आ गया। वे मुस्कराए, किंतु उनका स्वर गंभीर था, "असत्य बोलना ओर मौन रह कर असत्य को स्वीकार करना, दोनों समान स्थितियाँ हैं। जिस सम्मान के योग्य आप नहीं हैं, यदि उस सम्मान को आप ग्रहण कर रहे हैं तो आप असत्य-भाषण ही कर रहे होते हैं, क्योंकि आप जानते हैं कि आप वह नहीं हैं, जो आपको बताया जा रहा है। मैं असत्य के साथ संधि करने का अपराधी नहीं होना चाहता...और सही तो यही है कि मैं उस असत्य के बोझ को ढोना नहीं चाहता। ऐसी छोटी-छोटी बातों से ही जीवन अस्वच्छ होता हुआ अंत में इतना मलिन हो जाता है, कि उसमें सुधार बहुत कठिन हो जाता है।"

6

अध्यापक आदर्श होता है—अपने विद्यार्थियों के लिए, अपने समाज के लिए। किंतु अब तक के विद्यालयों में मुझे प्रधानाचार्यों का आचरण इस आदर्श से सर्वथा विपरीत दिखाई दिया। मैंने देखा कि प्रधानाचार्यों को छात्रों की सुविधा-असुविधा के स्थान पर अपने व्यक्तिगत उपयोग के लिए सामग्री जुटाने की चिंता अधिक सताती रहती है। कक्षाओं में सफाई है या नहीं, पानी उपलब्ध है तो क्या वह पीने योग्य है, पिकनिक पर ले जाने पर उन्हें दिया गया भोजन कैसा है, कक्षाओं में बिजली की व्यवस्था कैसी है, शौचालय स्वच्छ हैं या नहीं—इन सब तथ्यों की ओर से वे सायास आँखें मूँदे रहते हैं। ...सभी महात्मा हंसराज जैसे प्रधानाचार्य नहीं होते। इन प्रधानाचार्यों को यदि सर्दी-गर्मी लगती है तो इनके कमरे में एयरकंडीशन लग जाता है। लाखों रुपये कक्ष की सुंदरता पर व्यय कर दिए जाते हैं, किंतु स्टाफ-रूम के लिए न हीटर की व्यवस्था होती है और न कूलर की। कुर्सियाँ भी पर्याप्त नहीं होतीं।

अतीत में लौटता हूँ तो ध्यान आता है सी०आर०पी०एफ० पब्लिक स्कूल। इस विद्यालय में भी मैंने अन्य विद्यालयों की भाँति प्रधानाचार्य का ध्यान विद्यालय में फैली अव्यवस्था की ओर दिलाया और समय-समय पर दिलाता रहा। विद्यार्थियों को कष्ट पाते मैं देख नहीं सकता था इसलिए अपने मन के हाथों बाध्य हो, मीटिंग में भी बोल पड़ता था। यह बात प्रधानाचार्य को बहुत बुरी लगती थी। परिणामस्वरूप यथाशीघ्र मुझसे अप्रसन्न होकर उन्होंने भी मुझे विदा कर दिया और जाते-जाते मुझे एक व्यक्तिगत परामर्श और एक चुनौती दी। परामर्श यह था कि जो आदर्श की बातें मैं क्रियान्वित करने का प्रयत्न करता हूँ, वे मात्र कहने या पढ़ने के लिए ही हैं। जीने के लिए आदर्श की नहीं, यथार्थ की आवश्यकता होती है। और आज का यथार्थ है—पैसा।

चूँकि यह विद्यालय मेरे घर के एकदम समीप था, इसलिए मुझे मन लगा

कर कार्य करने में आनंद आता था—लंबी यात्रा करके विद्यालय पहुँचने की मानसिक यातना से मैं मुक्त था। मैंने प्रधानाचार्य से प्रार्थना की कि 'कृपया मुझे न निकालिए।' इस पर उन्होंने मुझे चुनौती दी कि, 'अपने में इतने 'गट्स' पैदा करो कि हमारा मैनेजमैंट तुम्हें लेने तुम्हारे घर आए।'

उनका परामर्श तो मैं स्वीकार न कर सका, किंतु चुनौती ईश्वर की ओर स्थानांतरित कर दी कि वह मेरे लिए जो उचित समझेगा, व्यवस्था कर देगा। इस घटना के बाद मेरा मन अवसाद से भर उठा। ये बड़े-बड़े अधिकारी चाँद की तरह सुंदर दिखाई देते हैं, किंतु उनके धरातल पर उतरने पर मालूम होता है कि वहाँ की धरती नीरस और प्राण-वायु रहित है। केवल धूल भरी आँधियों का तांडव मचा है वहाँ। न शीतलता है न आर्द्रता है। ...और ये लोग अपने अधीनस्थ कर्मचारियों में विद्यमान सदाचार को सहन नहीं कर पाते। इन्हें इंद्र के समान सदा यह भय सताता रहता है कि कहीं कोई इनका सिंहासन न छीन ले। इसलिए वे प्रत्येक तपस्वी की तपस्या में विघ्न डालते हैं। इस विद्यालय में एक महीने में मैं विद्यार्थियों का आत्मीय बन चुका था। मेरा छात्रों में इतनी प्रसिद्धि पाना भी प्रधानाचार्य को अखरा था। चूँकि यह सैनिक-विद्यालय था इसलिए सीमाओं पर तैनात जवानों के बच्चे अपने परिवार से दूर यहाँ शिक्षा प्राप्त करने आते हैं। यहीं उनके छात्रावास की भी व्यवस्था है। उन्होंने मुझसे और मैंने उनसे भरपूर स्नेह पाया, किंतु प्रीत किए तो दुःख होता ही है। न मैं उनसे प्रेम करता, न उनसे जुड़ी समस्याओं के लिए आवाज़ उठाता, न विद्यालय से निष्कासित किया जाता।...

एक अन्य विद्यालय भी मुझे याद आता है। लोहड़ी का पर्व था। प्रसाद के रूप में बच्चों को विद्यालय की ओर से रेवड़ी, मूँगफली और फुल्ले बाँटे जाते थे। हैडक्लर्क और उसके अधीनस्थ कर्मचारियों ने स्कूल की छुट्टी से पाँच सात मिनट पहले दो-तीन किलो सामग्री ही बाँटी। शेष अपने-अपने घर ले गए। मैंने इस बात के लिए भी उन्हें टोका।

मेरी सात्विक क्रोध की प्रकृति मुझे स्थान-स्थान से निष्काषित करवाती रही। मुझे लगा कि मैं गलत नहीं हूँ, किंतु संयम और संतुलन का मुझमें अभाव है। यह जानते-बूझते भी कि मैं निर्बल हूँ, फिर भी सबल जैसा प्रयत्न कर बैठता हूँ। इसी द्वंद्व में मैं गंभीर रूप से अस्वस्थ हो गया। आर्थिक संकट पुनः दुर्दिन बन गहरा गया। डॉ० कोहली के पास जाना भी स्थगित करना पड़ा। पड़ा रहता था शैया पर, अत्यंत दुखद दशा में। स्वप्न भी विचित्र आते थे। अनेक बार रामकृष्ण

परमहंस और स्वामी विवेकानंद दिखाई दिए। एक दिन स्वप्न में देखा कि परमहंस हँसते हुए नरेन्द्र से कह रहे हैं, ''अरे नरेन! देख माँ की इच्छा नहीं है कि महेश 'तोड़ो, कारा तोड़ो' की शेष 'डिक्टेशन' ले। इसीलिए माँ ने इससे नौकरी छीन ली और रुग्ण कर दिया।'' कभी यह कहते, ''नरेन! माँ की लुका-छिपी का खेल भी बहुत विचित्र है। अपनी गोद के प्रलोभन के लिए बच्चे को कभी-कभी सताती भी है।''

जिन दिनों मैंने डॉ० कोहली की राम-कथा पढ़ी थी, उन दिनों मुझे स्वप्न में राम और विश्वामित्र के अतिरिक्त कुछ दिखाई नहीं देता था। डॉ० नरेन्द्र कोहली विश्वामित्र के रूप में दिखाई देते थे—मुख पर असीम शक्ति-पुंज लिए...और राक्षसों से घिरा मैं उन्हें सहायता के लिए पुकारता था और उनके आने का समाचार पाकर राक्षस-समूह भाग खड़ा होता था। ...'अभिज्ञान' और 'महासमर' पढ़ते समय सब कुछ कृष्णमय दीखता था। इन सभी महापुरुषों का मुझे जो साक्षात्कार हुआ, वह इतना अधिक सजीव था कि उनके 'कल्पना' होने पर विश्वास करने का मन नहीं करता।

स्वप्न में परमहंस के इन संवादों ने मुझे और अधिक व्याकुल कर दिया। मन 'तोड़ो, कारा तोड़ो' में ही लगा हुआ था। सोचता था, डॉ० कोहली तो भगवान् के अत्यंत निकट हैं, यदि वे भगवान् से मेरी जीविका के लिए कहें तो काम अवश्य बन जाएगा। किंतु मैं उन्हें कभी यह न कह सका कि आप मेरी ओर से भगवान् से कुछ माँगिए।

दो महीने की बीमारी के पश्चात् स्वास्थ्य में हल्का-सा सुधार आया और मैं चिकित्सक के पास जाते समय डॉ० कोहली के पास भी मिलने गया। उन्होंने मुझे पाँच सौ रुपये दिए। मेरे द्वारा न लेने पर उन्होंने कहा, ''इसे एडवांस समझो।''

मेरा स्वास्थ्य पुनः बिगड़ गया। वैशाली में ही रहने वाले मेरे हितैषी डॉ० तुलसीराम शर्मा की भेंट यदा-कदा डॉ० कोहली से होती रहती है। डॉ० शर्मा अपनी बात का आरंभ मेरे विषय में पूछकर ही करते हैं। जब उन्हें मालूम हुआ कि मैं गंभीर रूप से अस्वस्थ हूँ तो वे मुझसे मिलने आए और बताने लगे कि डॉ० कोहली तुम्हें लेकर बहुत चिंतित हैं। उन्होंने चलते समय मुझे सौ रुपये थमाए और मुझे मौन रहने का स्नेहसिक्त संकेत करते हुए बोले, ''कोहली साहब का उपन्यास 'तोड़ो, कारा तोड़ो' छप कर आ गया है। उन्होंने कहा कि मैं तुम्हें इसकी

सूचना दे दूँ।"

इस सूचना के बाद मेरे लिए रुकना संभव न था। मैं अगले दिन शाम को डॉ० कोहली के घर पहुँचा। वे मुझे देख कर प्रसन्न हुए, किंतु मेरे आने का कारण और मेरे स्वास्थ्य के विषय में जान कर, मुझ पर नाराज़ भी हुए। मुझे इस दशा में आने की क्या आवश्यकता थी? यदि मैं उन्हें फ़ोन या पत्र द्वारा यह सूचित करवा देता कि मुझे 'तोड़ो, कारा तोड़ो' की प्रति चाहिए तो वे भिजवा देते। खैर उन्होंने मेरे लिए दूध गर्म करवाया और पुस्तक की प्रति देकर मुझे शीघ्र विदा किया और साथ में मुझे अधिक-से-अधिक विश्राम करने का आदेशात्मक परामर्श भी दिया।

जैसे-जैसे 'तोड़ो, कारा तोड़ो' पढ़ता गया, वैसे-वैसे मन में शांति छाती गई और आजीविका संबंधी चिंता, जिसका मेरे रुग्ण होने में पूरा योगदान था—गायब होती गई। लगा जैसे ईश्वर अपने होने का बोध करा रहा है, अपने अस्तित्व के संकेत देता जा रहा है। वैसे तो पूरा उपन्यास अध्यात्म का प्रवाह लिए है किंतु कुछ स्थलों पर तो वह प्रपात बन उठा है। मैं उन अध्यायों की चर्चा अनिवार्य मानता हूँ। ये वे अध्याय हैं, जिन्होंने मुझे बताया कि पालन करने वाला मनुष्य नहीं, ईश्वर है। और जो पूर्णतः उस पर निर्भर है, वह स्वयं उसका ध्यान रखता है तथा संसार के सारे पदार्थ स्वप्नवत् हैं—सत्य है तो केवल ईश्वर। ये बातें प्रत्येक उपदेशक या पुजारी बता देता है। किंतु 'तोड़ो, कारा तोड़ो' तो जैसे सत्य दिखलाती चलती है, अनुभव करवाती है :

"नानी के घर में वह लंबे समय तक ध्यान कर सकता था। ध्यान के लिए यहाँ रात हो जाने की प्रतीक्षा की भी आवश्यकता नहीं थी। वह एक प्रकार से प्रकटतः तपस्वी जीवन व्यतीत कर सकता था। उसने मांस-मछली खाना छोड़ दिया था। अब तपस्वियों के समान भूमि पर चटाई बिछाकर सोना भी आरंभ कर दिया था। अध्ययन से जो भी समय बचता, उसमें वह ध्यान करने लगा था। महर्षि देवेन्द्रनाथ ने कहा था कि उसकी आँखें, एक योगी की आँखें थीं। वह साधना करे तो सिद्ध योगी हो सकता था। रात के निर्विघ्न सन्नाटे में तो कई-कई घंटे वह ध्यान-मुद्रा में ही बैठा रह जाता था।

नरेन्द्र ने अनुभव किया कि अब उसे पढ़ने से भी कहीं अधिक आनंद ध्यान में आता है। पढ़ने का आनंद एक प्रकार का बौद्धिक आनंद था। वह मन में एक

प्रकार की सक्रियता उत्पन्न करता था—रजोगुणी सक्रियता। अध्ययन से प्राप्त ज्ञान से मन आत्मलीन नहीं होता था। वह उसको अभिव्यक्ति भी देना चाहता था, उसकी चर्चा करना चाहता था। ...ध्यान से मन जैसे शांत और आत्मलीन हो जाता था। वह किसी और के सम्मुख अभिव्यक्ति की आतुरता से उद्वेलित नहीं होता था। उसमें से जैसे क्रिया बहिष्कृत हो ज़ाती थी और वह एक प्रकार की पूर्णता का अनुभव करता था...

नरेन्द्र ने अनुभव किया कि अवलंबशून्य करके मन को स्थिर रखते समय अंतर में एक प्रशांत आनंद की धारा प्रवाहित होती थी। ध्यान-भंग होने पर भी उसके प्रभाव से नशे में विभोर रहने का-सा भाव बना रहता था, जैसे किसी वाद्य-यंत्र की अनुरणन ध्वनि देर तक परिवेश में व्याप्त रहे। उसकी इच्छा ही नहीं होती थी कि आसन छोड़कर उठ जाए और चारों ओर व्याप्त समाधि के इस अनुरणन भाव को छिन्न-भिन्न कर दे। यह तो आकाश पर व्याप्त इंद्रधनुष को आलोड़ित कर वायुमंडल में विलीन कर देने का-सा अपराध था। नरेन्द्र उसी तंद्रा में बैठा हुआ जैसे प्रकृति की परम शांति का अनुभव करता रहता था।

उस दिन भी नरेन्द्र ध्यान में बैठा तो उसका मन तत्काल ही भली-भाँति तन्मय हो गया। वह कितनी देर ध्यान में बैठा रहा, इसकी चेतना उसे नहीं थी। अंत में जब ध्यान भंग हुआ तो उसकी चेतना लौट-लौट कर उसी प्रकार वापस तन्मय हो जाना चाहती थी, जैसे नींद में अलसाया हठी बालक माँ के बार-बार जगाने पर भी वापस बिस्तर पर जा लेटता है।

वह जानता था कि ध्यान भंग हो चुका है और अब उसे उठना ही है, किंतु शरीर था कि जैसे इस निर्णय को स्वीकार ही नहीं कर रहा था। यह आलस्य नहीं था, आनंद था। आनंद खंडित करने का क्या लाभ?

...सहसा कमरे में उसे प्रकाश का आभास हुआ, किंतु यह साधारण लालटेन का प्रकाश नहीं था। इस प्रकाश में ताप नहीं था। वह अपने अस्तित्व से काली छायाएँ नहीं बना रहा था। ...दरवाजा अब भी बंद था। किसी ने न उसे खटखटाया था, न खोला था। किंतु जैसे दक्षिण दीवार में से दिव्य आलोक से घिरी हुई एक आकृति कमरे में प्रवेश कर गई थी। ...यह प्रवेश नहीं था...नरेन्द्र का मन पूछ रहा था ...यह अवतरण था? आविर्भूति थी? प्रकटीकरण था?...क्या था यह? उस मूर्ति के मुख-मंडल पर अद्भुत ज्योति थी, किंतु कोई भाव नहीं था ...वह प्रशांत

संन्यासी-मूर्ति थी, स्तम्भित कर देने वाली प्रशांत, उदासीनतायुक्त अंतर्मुखता। शरीर पर गेरुवा वस्त्र। मुंडित मस्तक। हाथों में दंड-कमंडल।

संन्यासी कुछ कहने के लिए तत्पर हो रहे थे। वे नरेन्द्र की ओर बढ़े। नरेन्द्र की समझ में नहीं आ रहा था कि यह सब क्या हो रहा है। ...यह सब उसके

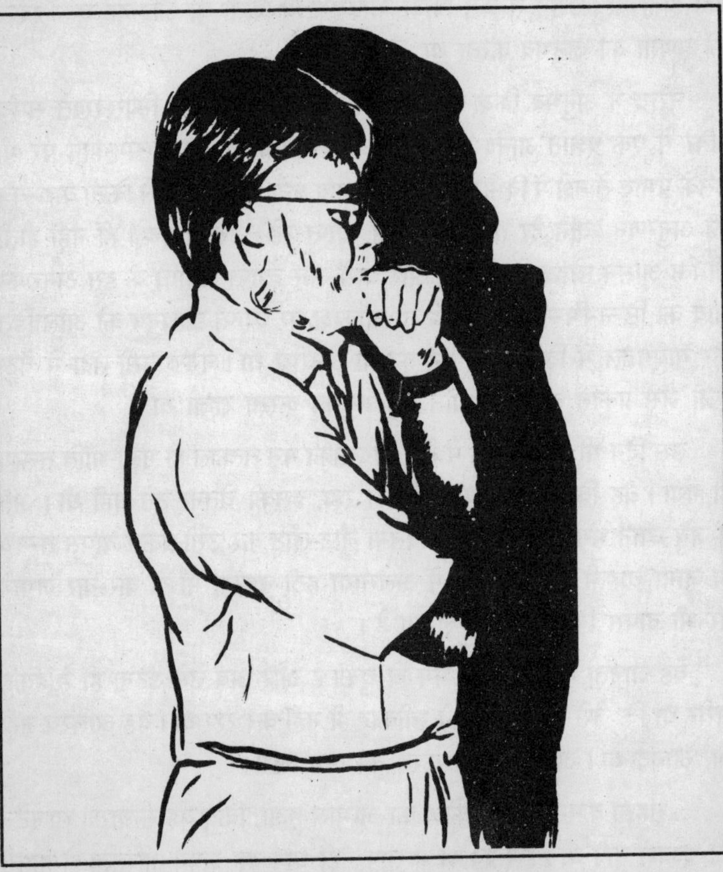

मन का भ्रममात्र था या सचमुच कोई चमत्कार घटित हो रहा था? यह सत्य था? उसके मस्तिष्क का विकार था? या प्रेत विद्या थी?

...अकस्मात् ही नरेन्द्र के मन में एक विचित्र प्रकार का भय अंकुरित हुआ और क्षण भर में उसने नरेन्द्र के मन को इस सघनता से अभिभूत कर लिया, जैसे कोई छोटी-सी बदली, बात-ही-बात में ही सारा आकाश व्याप्त कर ले। ...नरेन्द्र

समझ नहीं सका कि वह किस प्रकार का भय था। इस भय ने उसकी ध्यानजनित तंद्रा को तोड़ दिया, और बिना यह जाने कि उसे किस प्रकार की हानि हो सकती है, वह आत्मरक्षा के लिए तत्पर हो उठा। वह अपने स्थान से उठा और कमरे के किवाड़ खोल कर बाहर निकल आया। ...कमरे से बाहर निकलते ही भय की प्रतिक्रिया हुई। नरेन्द्र के मन ने भय के उस व्यामोह को तोड़ दिया और साहसपूर्वक पूछा, 'भय किस बात का? ...नरेन्द्र जैसे अपनी भूल समझ गया था ...उसे कमरे में रुकना चाहिए था। संन्यासी उससे कुछ कहना चाह रहे थे, उसे वह सुनना चाहिए था। घर आए संन्यासी का इस प्रकार तिरस्कार करना उसके लिए उचित था क्या?'

किंतु अब भी उसके मन का कोई क्षीण-सा स्वर जैसे अपने कृत्य का समर्थन कर रहा था—'वे सात्विक संन्यासी ही थे और उसका अहित नहीं करना चाहते थे तो फिर इस अप्राकृतिक ढंग से क्यों प्रकट हुए। यदि वे कपाट खटखटाकर द्वार के भीतर आए होते तो नरेन्द्र क्यों इस प्रकार भाग खड़ा होता? वह क्यों उनका तिरस्कार करता? ...'

पर नरेन्द्र के साहस को इस बार तनिक भी विभ्रम नहीं हुआ। वह दृढ़ स्वर में बोला, 'साधारण प्राकृत जन होते तो कपाट खटखटाकर ही क्यों, नीचे सीढ़ियों से ही उसे पुकारते हुए आते। किंतु वे साधारण संन्यासी नहीं थे। ...'

नरेन्द्र कमरे में लौट आया। संन्यासी अब वहाँ नहीं थे। ...नरेन्द्र कमरे के बाहर ही तो खड़ा था, पर उसने उन्हें बाहर निकलते नहीं देखा। वे बाहर निकले ही नहीं थे, या बाहर निकलते हुए उन्होंने स्वयं को अदृश्य कर दिया था? जो पक्की ईंटों की दीवार में से अपना स्थूल शरीर आर-पार निकाल सकता था, वह क्या मानवीय आँखों से स्वयं को अदृश्य नहीं कर सकता? ...तो क्या वे चले गए? ...या यहीं कहीं हैं और दिखाई नहीं दे रहे?

नरेन्द्र को अपनी मूर्खता पर ग्लानि हुई। ऐसे अवसर क्या बार-बार आते हैं? उसने तो अपनी नासमझी में स्वयं ही अपनी ऐसी क्षति कर ली। ...जाने अब वे प्रकट हों या न हों।...

नरेन्द्र पुनः अपने स्थान पर जा बैठा। उसने ध्यान की मुद्रा भी बनाई, किंतु उसकी प्रतीक्षा फलीभूत नहीं हुई। ...वह बैठा सोचता रहा ...संन्यासी तो उसने बहुत सारे देखे थे, किंतु ऐसे अपूर्व श्रीमुख का भाव किसी में कभी नहीं देखा।

वह चेहरा तो जैसे उसके चित्त पर सदैव के लिए अंकित हो गया था।...

नरेन्द्र के मन ने विश्वास कर लिया कि अब वे प्रकट नहीं होंगे। उनकी प्रतीक्षा व्यर्थ थी। यह उनकी कठोरता नहीं, नरेन्द्र के द्वारा दिखाई गई उपेक्षा ही थी, जिसने उन्हें विमुख कर दिया था। ...पर वे थे कौन, जो इस प्रकार दया कर उसे अपने दर्शन देने आए थे? उन्होंने अपने विषय में कुछ नहीं बताया था, न ही वे अपने पीछे कोई प्रमाण छोड़ गए थे। ...किंतु नरेन्द्र की अंतर्प्रेरणा कह रही थी कि शायद वे भगवान् बुद्ध थे। ...करुणा के पुंजीभूत रूप...भगवान् बुद्ध।..."

• • •

"अद्वैत वेदांत।" नरेन्द्र हँसा, "पहले एक दिन ठाकुर ने एक कहानी सुनाई थी कि एक उन्मत्त हाथी को भी ईश्वर समझकर एक ब्रह्मचारी उसके सामने से नहीं हटा, यद्यपि महावत चिल्लाता ही रहा कि हाथी पागल है, सामने से हट जाओ। तब तक तो बात थी कि प्रत्येक जीव में ईश्वरीय तत्व है। वह तो फिर मेरी समझ में आता है कि प्रत्येक प्राणी में थोड़ा-बहुत जल-तत्व होता है, वैसे ही ईश्वरीय तत्व भी होता है...किंतु आज तो..." वह हँसा, "संसार में जो कुछ भी है सब कुछ ईश्वर है। ईश्वर के अतिरिक्त यहाँ और कुछ भी नहीं है, तथा जो कुछ भी दिखाई पड़ रहा है वह सब भी ईश्वर है। हम सब भी ईश्वर हैं।..." नरेन्द्र ने हाजरा की ओर हाथ बढ़ाया, "लाइए ईश्वर मोशाय! यह हुक्के के रूप में जो ईश्वर आपके हाथ रूपी ईश्वर ने थाम रखा है, इसे मेरे हाथ रूपी ईश्वर को थमा दीजिए। आज मैं तंबाकू रूपी ईश्वर का अच्छी तरह आनंद लूँ।"

हाजरा और नरेन्द्र ने मिलकर मुक्त-कंठ से अट्टहास किया।

"यह गदाधर भी कभी-कभी ...।"

हाजरा कुछ कहने ही जा रहा था कि उन दोनों ने देखा, लड़खड़ाती-सी अवस्था में ठाकुर हाजरा के कमरे में प्रवेश कर रहे हैं।

नरेन्द्र तत्काल उठ कर खड़ा हो गया : निश्चित रूप से ठाकुर प्रकृतिस्थ नहीं थे। वे शायद अर्धबाह्य अवस्था में थे।...उनकी आँखें सामने के दृश्य को देखते हुए भी जैसे नहीं देख रही थीं और उनके पग डगमगा रहे थे। उन्होंने किसी बालक के समान अपनी धोती लपेटकर बगल में दबा रखी थी।

"तुम लोग क्या कर रहे हो?" उन्होंने हँसते हुए कहा और अपना पग आगे

बढ़ाया।

नरेन्द्र झपटकर उनकी सहायता के लिए आगे बढ़ा, ऐसा न हो कि वे लड़खड़ा कर गिर जाएँ...

उन्होंने भी जैसे सँभलने के लिए नरेन्द्र को थाम लिया और उसी क्षण पूर्णतः समाधिस्थ हो गए। उनकी सारी चेतना अंतर्मुखी हो गई। आँखें निश्चल हो गईं और शरीर स्पंदनशून्य हो गया।

नरेन्द्र को लगा कि ठाकुर के स्पर्श मात्र से उसके भीतर जैसे अनेक बवंडर एक साथ उठ खड़े हुए हैं। उसके भीतर कुछ भी स्थिर नहीं रह गया था। वह एक विचित्र प्रकार के परिवर्तन का अनुभव कर रहा था...वह स्तंभित खड़ा था। उसके चारों ओर के वैविध्यपूर्ण रूपाकार जैसे अपना-अपना आकार छोड़ कर उसके निराकार में ही समा गए थे। सब और ईश्वर-ही-ईश्वर था...और कुछ था ही नहीं

नरेन्द्र हँस कर हाजरा से कहने जा रहा था, 'देखो! एक ईश्वर तो गिरने वाला है और दूसरा ईश्वर उसको थामने लगा है।' किंतु उसके शब्द उसके अधरों पर ही जम गए।...उसने देखा कि जो गिर रहा था, वह भी ईश्वर ही था, और जिसने बाँहें फैला कर उसे थामा था, वह भी ईश्वर ही था।...ऐसा भी नहीं था कि एक ईश्वर दूसरे ईश्वर से मिल रहा था...वहाँ तो दोनों में कोई भेद ही नहीं था, जैसे एक मेघ, दूसरे मेघ में मिल जाए अथवा हवा का एक झोंका, दूसरे झोंके के साथ मिल कर एक हो जाए...

नरेन्द्र मुख से कुछ नहीं बोला। न उसने आश्चर्य प्रकट किया, न स्वीकार किया, न अस्वीकार....उसका तर्क अभी भी एक ओर तटस्थ खड़ा था और सोच रहा था कि देखूँ तो यह भाव कब तक रहता है...

नरेन्द्र घर लौट आया, किंतु उसका भाव-परिवर्तित नहीं हुआ। जहाँ तक उसकी दृष्टि जा रही थी, जो कुछ उसकी दृष्टि देखती थी...वह सब ईश्वरीय तत्व ही था...और कुछ भी नहीं।

भुवनेश्वरी ने खाना परोस कर उसे पुकारा।

अपनी उसी स्तब्धावस्था में वह उठ कर आया औरआसन पर बैठ गया। दृष्टि उठा कर देखा तो...अन्न, थाली, माँ, वह स्वयं...सब ईश्वर ही थे। सिवाय ईश्वर के और कुछ भी नहीं था।...

अभ्यासवश हाथ आगे बढ़ा। उसने दो-एक कौर खाए और हाथ रोक कर बैठ गया।...कहीं अन्न दिखता तो वह खाता। ईश्वर को खाने का क्या अर्थ? क्या स्वाद।...

"बैठा क्यों है? खाता क्यों नहीं?" भुवनेश्वरी ने आश्चर्य से उसे देखा, "तुझे हो क्या गया है? पत्थर की प्रतिमा बन कर बैठ गया है।"

"कुछ नहीं हुआ माँ!" वह किसी प्रकार बोला।

"तो फिर खाता क्यों नहीं?" भुवनेश्वरी ने डाँटा, "खाना स्वादिष्ट नहीं बना? कहीं से कुछ खा आया है? या तेरा स्वास्थ्य ठीक नहीं है?"

"नहीं, सब ठीक है माँ।" नरेन्द्र ने कहा। वह अपना पूरा प्रयत्न कर, स्वयं को सजग बनाए हुए था, कहीं ऐसा न हो कि वह 'माँ' को भी ईश्वर कह कर संबोधित करने लगे।

"तो फिर खाता क्यों नहीं?" भुवनेश्वरी बोली, "स्वस्थ मनुष्य क्या इस प्रकार व्यवहार करता है कि घिसट-घिसट कर दो कौर खाए और फिर हाथ रोक कर बैठ गए?"

नरेन्द्र माँ को कैसे बताता कि उसे क्या हुआ है? बताता भी तो शायद माँ समझ नहीं पाती।

"तो यही समझ लो माँ कि इस समय, मेरा मन कुछ अटपटा गया है।" नरेन्द्र धीरे से बोला, "ठीक से भोजन कर नहीं पा रहा...किंतु चिंता की कोई बात नहीं है।"

किसी प्रकार थोड़ा-सा भोजन कर नरेन्द्र उठ आया।...माँ के निकट रहने से वे और ढेर सारे प्रश्न पूछेंगी और वह उनको बता नहीं पाएगा। वे चिंतित भी होंगी और दुःखी भी...।

नरेन्द्र कॉलेज जाने के लिए सड़क पर आया, तो भी उसका भाव परिवर्तित नहीं हुआ। उसे अब भी चारों ओर ईश्वर ही दिखाई दे रहा था...सामने से गाड़ियाँ आ रही थीं, किंतु उसके मन में तनिक सा भी यह विचार नहीं आया कि गाड़ियाँ उसके ऊपर चढ़ सकती हैं, उसे चोट लग सकती है, इसलिए उसे मार्ग से हट जाना चाहिए...ईश्वर के मन में भय कैसा? और ईश्वर से भय कैसा?...

किंतु आती-जाती गाड़ियों के चालक जब झपट-झपटकर उसे डाँटने लगे और मार्ग चलते दो-एक लोगों ने उसकी बाँह पकड़ कर उसे किनारे खींच लिया, तो

उसकी समझ में आ गया कि उसे तो चारों ओर प्रत्येक पदार्थ में ईश्वर दिखाई पड़ रहा है, किंतु अन्य लोगों पर अभी ठाकुर की कृपा नहीं हुई है। वे ठीक से देख नहीं पा रहे हैं। उन्हें अपनी गाड़ी, गाड़ी ही दिखाई दे रही है और वह हाँड-माँस का एक मनुष्य...

कॉलेज में भी उसकी यही स्थिति रही। अध्यापकों और लड़कों में भी कोई भेद लगता ही नहीं था। बेंचों और लड़कों में भी कोई भेद दिखाई नहीं पड़ता था। ...बड़ा विचित्र-सा लग रहा था...जो कुछ अध्यापक थे, वहीं तो लड़के भी थे। फिर जाने क्यों अध्यापक लगातार उन्हें कुछ-न-कुछ पढ़ाने का, बताने का प्रयत्न करते जा रहे थे।...फिर भी किसी प्रकार नरेन्द्र ने स्वयं को रोक रखा था...कहीं ऐसा न हो कि अपने इस भाव के कारण वह कुछ ऐसा कर बैठे, जो कुछ बहुत असाधारण अथवा किसी के लिए अपमानजनक हो...

अगले दिन भी उसकी वही स्थिति रही। उसे लग रहा था कि उसके हाथ-पैर एकदम सुन्न हो गए हैं...और फिर उसे लगा कि वह भोजन तो कर रहा है, किंतु उससे उसे किसी भी प्रकार की तृप्ति नहीं हो रही है...शायद वह भोजन कर ही नहीं रहा। भोजन करने वाला व्यक्ति कोई और ही है।

भुवनेश्वरी खाना परोसकर किसी और काम के कारण वहाँ से हट गई। नरेन्द्र खाना खाता जा रहा था...उसने देखा कि आसपास कोई नहीं है...वह खाना छोड़कर उठा और पास ही लेट गया।...सहसा माँ के आने की आहट आई तो पुनः खाने बैठ गया।

अपनी ओर से नरेन्द्र अपनी स्थिति को बहुत छिपाए हुए था, किंतु वह नहीं जानता था कि भुवनेश्वरी उसके विचित्र व्यवहार से सशंकित हो कर, उस पर पूरी तरह दृष्टि रखे हुए थी। उसका सारा व्यवहार इतना विचित्र था कि भुवनेश्वरी की चिंता गंभीर होती जा रही थी।...उसने आकर देखा कि नरेन्द्र वैसी ही बैठा खा रहा है, जैसे वह उसे छोड़ कर गई थी।...कल नरेन्द्र ने बहुत थोड़ा खाया था और आज वह खाए जा रहा था। भुवनेश्वरी को लगा कि इस लड़के की बुद्धि ने जैसे काम करना एकदम बंद कर दिया है। वह किसी मंद बुद्धि बालक के समान हो गया है, जिसे न यह पता लगता है कि उसे भूख लगी है और न उसे यह पता लगता है कि उसका पेट भर गया है। ...या तो खाता ही नहीं, और खाता है तो खाता ही चला जाता है...

"देखती हूँ तुझे कुछ हो गया है।" भुवनेश्वरी ने नरेन्द्र को कहा, किंतु उसके बाद के अपने विचार वह प्रकट नहीं कर पाई।...क्या कहे वह? और क्या करे? बच्चा रोग-ग्रस्त हो, तो उसे वह वैद्य अथवा डॉक्टर को दिखाए, किंतु इस लड़के का रोग भी कौन समझेगा?...यह जाने किन-किन साधु-संतों के साथ बैठता-उठता और खाता-पीता है, किस-किस प्रकार की साधना और तपस्या करता है...जाने इसका रोग क्या है। ...और विश्वनाथ भी कलकत्ता में नहीं थे।

वह बैठी चिंतित दृष्टि से नरेन्द्र को देख रही थी। उसे लगा कि नरेन्द्र में चेतना का लोप ही हो गया है और क्रमशः जड़ होता जा रहा है।

'अब यह बचेगा नहीं।' भुवनेश्वरी ने अपने-आप से कहा और अपने माथे पर हाथ रखकर बैठ गई।

नरेन्द्र के मन में क्षण भर के लिए इच्छा कौंधी कि माँ को समझाए कि वह चिंता न करे, उसे कुछ भी नहीं हुआ है।...यह तो ठाकुर उसे मात्र इतना ही समझा रहे हैं कि अद्वैत भाव क्या होता है।...किंतु अगले ही क्षण जैसे अद्वैत भाव ही सघन हो उठा...वह और उसकी माँ तो एक ही थे। उनमें भेद ही क्या था कि वह उनको समझाता। यहाँ कौन किसको समझाता...कोई भेद हो तो समझाने की बात उठे...

• • •

दक्षिणेश्वर पहुँच कर नरेन्द्र सीधे ठाकुर के कमरे में पहुँचा। संयोग ही था कि ठाकुर अपने कमरे में अकेले बैठे थे और सहजावस्था में हल्के-हल्के कोई गीत गुनगुना रहे थे।

नरेन्द्र ने भूमिष्ठ हो उन्हें प्रणाम करने के बदले उनके चरण पकड़ लिए। ठाकुर ने उसकी ओर देखा। वे समझ रहे थे कि यह प्रणाम की मुद्रा नहीं थी, यह तो याचना की भंगिमा थी।

"क्या है रे? आज यह सब क्या हो रहा है?" ठाकुर हँस रहे थे, जैसे वे जानते हों कि यह सब क्या है, फिर भी वे उसके मुख से कहलवाना चाहते हों।

"आपने कहा था कि अपनी माँ और भाइयों के पालन का दायित्व मुझे सौंपा गया है।"

"हाँ। कहा तो था।" ठाकुर बोले, "यदि माँ की यह इच्छा न होती तो तेरे पिता का देहांत क्यों होता?"

"मैं उस दायित्व को पूर्ण करने में सर्वथा असमर्थ रहा हूँ, इसलिए जिसका दायित्व है उसे ही लौटा रहा हूँ।"

"तो मेरे पाँव क्यों पकड़े हुए है?"

"आप जगदंबा से कहें कि अपना काम अपने हाथ से करे, मुझे इस दायित्व से मुक्त करे।" नरेन्द्र बोला।

"तू मुझसे क्या चाहता है भाई?" ठाकुर बोले, "आज तुझे क्या हो गया है? तेरा पौरुष इतना दीन क्यों हो रहा है?"

"क्योंकि अपने पौरुष का भ्रम मिट गया है।" नरेन्द्र बोला, "मेरी माँ और भाइयों का कष्ट दूर करने के लिए आपको जगदंबा से प्रार्थना करनी होगी।"

ठाकुर जैसे छिटककर अलग हो गए, "मैं ऐसी सांसारिक बातें माँ से नहीं कहता। उसकी माया है, वह स्वयं चलाए, जैसे उसका मन चाहे। मैं टाँग अड़ाने वाला कौन!"

"जब संसार उसका है, तो सांसारिक बातें भी तो उसी से कही जाएँगी।" नरेन्द्र हठ पकड़े बैठा था।

"तू कहाँ मानता है कि संसार उसका है?" ठाकुर ने पूछा, "मानता है क्या? माँ को तू नहीं मानता, इसीलिए तुझे कष्ट है।"

आज नरेन्द्र पहले के समान नहीं कह सका कि उसका साकार ईश्वर में विश्वास नहीं है। उसके मन की सारी उद्दण्डता जाने कहाँ विलीन हो गई थी। अत्यंत विनीत भाव से बोला, "यह सत्य नहीं है कि माँ को मानता नहीं, सत्य यह है कि मैं माँ को जानता नहीं।"

"तो फिर तू उससे क्यों कहलवाना चाहता है, जिसे तू जानता ही नहीं?" ठाकुर बोले, "उससे ही क्यों नहीं कहता, जिसे तू जानता है?"

"उसी से तो कह रहा हूँ।" नरेन्द्र की आँखें गीली हो आईं, "मैं तो केवल आपको ही जानता हूँ। आप माँ को जानते हैं, तो मेरे लिए आप ही उनसे कहिए।'

"अरे, मैंने तो कितनी ही बार कहा है, 'माँ! नरेन्द्र का दुःख-कष्ट दूर कर दो', ठाकुर ने उत्तर दिया, "पर तू माँ को मानता नहीं, इसलिए माँ सुनती ही नहीं।"

"आप फिर कहिए! मेरी ओर से कहिए!" नरेन्द्र ने हठपूर्वक कहा, "जब तक न माने, तब तक कहिए! नहीं तो मैं आपके चरण नहीं छोड़ूँगा!..."

"तू तो बहुत हठी है रे!" ठाकुर उसे देखते रहे, "अच्छा! तू स्वयं माँ से कह! तू माँ को जानता नहीं है, तो जान पहचान कर ...।"

नरेन्द्र को लगा, सचमुच ही वह व्यर्थ की हठ कर रहा था। जान-पहचान करने से ही तो! परिचय होगा–ठाकुर ठीक कह रहे हैं।

"अपना मार्ग स्वयं अपने पैरों पर चलना होता है रे!" ठाकुर ने कहा, "किसी के कंधे पर चढ़कर कितनी यात्रा हो सकती है?"

"माँ मेरी बात सुनेंगी?" नरेन्द्र जैसे अपने आप से पूछ रहा था।

"क्यों नहीं सुनेंगी।" ठाकुर बोले, "जगदंबा हैं वे। सबकी माँ। पुत्र की प्रार्थना पर ध्यान नहीं देंगी क्या?"

'ठाकुर आश्वासन दे रहे हैं।' ...नरेन्द्र सोच रहा था।

"आज मंगलवार है। मैं कहता हूँ आज रात काली-मंदिर में जाकर, माँ को प्रणाम करके, तू जो कुछ माँगेगा, माँ तुझे वहीं देंगी।" ठाकुर के स्वर में आश्वासन का नहीं, वचन का-सा भाव था, "मेरी माँ चिन्मयी ब्रह्मशक्ति हैं, उन्होंने अपनी इच्छा से इस संसार का प्रसव किया है। वे चाहें तो क्या नहीं कर सकतीं।"

नरेन्द्र ने ठाकुर के मुख की ओर देखा, वे उसे बहला नहीं रहे थे। वे उसे वचन दे रहे थे, वह जो कुछ भी माँगेगा, माँ उसे देंगी। ...नरेन्द्र के मन में दृढ़ विश्वास जन्मा, जब ठाकुर ने कहा है तो अवश्य वैसा ही होगा।...उसके परिवार का कष्ट दूर हो जाएगा। ...उसका मन शांत हो जाएगा और वह निर्विघ्न अपनी साधना में लग जाएगा...

नरेन्द्र को लगा जैसे उसके सिर से मनों बोझ हट गया। यह उसकी मूर्खता थी कि वह इतने समय तक अमृत-सरोवर के तट पर प्यासा बैठा रहा। ...उसने पहले ही ठाकुर से निवेदन क्यों नहीं किया? ...व्यर्थ ही इतने दिनों तक कष्ट सहता रहा और अपनी माँ तथा भाइयों को पीड़ित करता रहा।

नरेन्द्र के हाथ शिथिल हो गए। ठाकुर ने अपने पैर खिसका लिए तो वह उठ बैठा।

"जा! मन की उद्विग्नता शांत कर। चिंता, विरोध और अहंकार को गंगा में तिरोहित कर आ।" ठाकुर ने कहा, "मन में सतोगुण की वृद्धि कर। माँ का ध्यान कर।"

नरेन्द्र उन्हें हाथ जोड़कर गंगा-तट पर जा बैठा।...आज उसे एक विचित्र से

उल्लास का अनुभव हो रहा था। ...अपने मस्तक और वक्ष से असंख्य चिंताओं और आशंकाओं के हट जाने का उल्लास, किसी खोई हुई वस्तु के अकस्मात् मिल जाने का उल्लास, किसी बहुत ही नए और आत्मीय परिचय का उल्लास...एक लंबी खोज के पश्चात् अपने चिर प्रतीक्षित गंतव्य के मिल जाने का उल्लास...

पर इस सारे उल्लास के साथ एक उत्कंठित प्रतीक्षा थी...रात होने की प्रतीक्षा...ठाकुर ने रात को मंदिर में जाने के लिए कहा है। ...उन्होंने उसी समय मंदिर में जाकर माँ से याचना करने को क्यों नहीं कहा?...कोई कारण रहा होगा ...तब तक नरेन्द्र गंगा के जल में पाँव लटकाए बैठा रहेगा। गंगा भी तो माँ का ही रूप है...अपने स्पर्श से ही तन, मन और आत्मा को शीतल कर जाती है...

रात का एक प्रहर बीत गया तो ठाकुर ने नरेन्द्र को मंदिर में जाने के लिए कहा।

नरेन्द्र उठा। ...उसे दक्षिणेश्वर आते हुए प्रायः तीन वर्ष हो गए थे, किंतु वह कभी भी जगदंबा के दर्शनों के लिए मंदिर के भीतर नहीं गया था।...यह मात्र संयोग ही नहीं था।...उसने अपने मन में एक प्रकार का विरोध पाल रखा था। वह किसी भी प्रतिमा को पुत्तिलिका कहता था...राखाल को डाँटा था उसने कि वह क्यों मंदिर में जाकर प्रतिमाओं को प्रणाम करता है...

किंतु आज वह माँ के पास जा रहा था। माँ यह सब याद नहीं रखती। माँ अपने पुत्र को नहीं जानती क्या! माँ अंतर्यामिनी है।...वह सब कुछ जानती है। उसे समझाना नहीं होगा, स्पष्टीकरण नहीं देना होगा, उससे क्षमा नहीं माँगनी होगी...

नरेन्द्र का मन जैसे किसी मद में डूबता जा रहा था। उसके पैर डगमगा रहे थे। किसी असाधारण ऊँचाई पर चढ़ते-चढ़ते उसके पग जैसे बहुत थक गए थे और अब चोटी पर से उसने देखा था कि उसकी माँ चोटी पर नहीं, ढाल के नीचे खड़ी उसकी प्रतीक्षा कर रही है। अपनी उत्कंठा में वह ढाल पर दौड़ता चला जा रहा था। उसके पैर न उसके उठाए उठ रहे थे, न उसके सँभाले सँभल रहे थे। वह तो जैसे अपने वेग में ही दौड़ता जा रहा था...या फिर यह माँ की आकर्षण शक्ति थी, जो उसे खींचती जा रही थी।...किसी चिर-तृषित बालक के समान माँ के आँचल में छिप जाने के लिए वह दौड़ता जा रहा था। ...सचमुच माँ वहाँ होगी. ..अपने जीवंत अस्तित्व के साथ...वे उससे बातें करेंगी। वह उनके मुख की वाणी

सुनेगा। ...मन का विश्वास सघन होता गया और वह शेष सब कुछ भूल कर माँ के प्रेम में तन्मय होता गया। माँ जैसे सरोवर के जल के समान उसके चारों ओर थीं, जिसमें वह तैर रहा था। माँ वायुमंडल के समान दसों दिशाओं में थीं, जिसमें वह साँस ले रहा था। उसका सारा अस्तित्व माँ के आलिंगन की विभिन्न परतों में लिपटा हुआ था।...पर यह तो माँ की अनुभूति थी...किंतु माँ का साक्षात् दर्शन ...साक्षात् दर्शन ।...

नरेन्द्र ने मंदिर में प्रवेश किया...वह मंदिर कोई साधारण मंदिर नहीं था, वह तो जैसे किसी अनंत दिव्य ऐश्वर्य के लोक में प्रवेश कर गया था।...माँ यथार्थ में ही चिन्मयी, अनन्त प्रेम तथा सौंदर्य की आधाररूपिणी जीवंत प्रतिमा के रूप में वहाँ विद्यमान थीं। ...नरेन्द्र समझ ही नहीं पाया कि कैसे उसका हृदय भक्ति और प्रेम से उछलने लगा। नाभि से जैसे कोई तरंग ऊपर उठी और सारे वक्ष में छा गई। अत्यंत विह्वल बालक के समान कंठ में से एक सिसकारी उभरी, आँखों में अश्रु आ गए, उसके हाथ जुड़ गए और मुख से निकला, "माँ!"

उसकी आत्मा में जैसे वर्षों तक माँ के वियोग में जीने वाला कोई बालक आ बैठा था, जिसका आज अकस्मात् ही माँ के साथ साक्षात्कार हो गया था। उसका सारा अस्तित्व माँ के प्रेम से परिपूर्ण हो रहा था और उसकी एकमात्र इच्छा थी कि यदि वह माँ के वक्ष से नहीं लग सकता, तो वह माँ के चरणों से लिपट कर ही, जी भर कर रो ले।

नरेन्द्र ने भूमिष्ठ हो माँ को बार-बार प्रणाम किया। न उसके मन में कुछ था, न उसकी जिह्वा पर। बस एक ही शब्द बार-बार उसके वक्ष से उभर कर उसकी जिह्वा तक आता था...माँ!"

बड़ी देर के पश्चात् उसके मुख से प्रस्फुटित हुआ, "माँ! मुझे भक्ति दो, वैराग्य दो, विवेक दो माँ! ताकि मैं तुम्हारे अबाध दर्शन प्राप्त कर सकूँ।"

उसकी चेतना जैसे शांति सागर में किसी शांत द्वीप पर आत्मलीन हो कर बैठ गई थी। संसार-प्रपंच उसके आस-पास कहीं था ही नहीं। कहीं कुछ नहीं था, बस माँ ही माँ थी...

नरेन्द्र लौट कर ठाकुर के पास आया तो ठाकुर ने बहुत सांसारिक ढंग से पूछा, "क्यों रे, माँ से गृहस्थी का अभाव दूर करने की प्रार्थना की है न?"

नरेन्द्र चौंका। ठाकुर ने उससे यह नहीं पूछा कि माँ से साक्षात्कार हुआ या

नहीं? ठाकुर ने यह नहीं पूछा कि वहाँ क्या हुआ? वह तो इस ढंग से पूछ रहे हैं, जैसे बाहर बैठा बाबू जानता ही है कि भीतर साहब बैठे हैं, और जिसे भी वह भीतर भेजेगा, उससे साहब बात करेंगे ही।...इतना विश्वास!...

और दूसरी ओर वह स्वयं अपने-आप पर चकित था कि जिस काम के लिए वह गया था, वह तो उसने किया ही नहीं। उसे स्मरण ही नहीं रहा कि वह माँ के पास क्या माँगने गया था...

''नहीं महाराज! मैं तो भूल ही गया।'' नरेन्द्र संकुचित भाव से बोला।

''उनका उद्धार कैसे होगा, जिन्हें समय पर अपने हित-अहित का भी ध्यान नहीं रहता।'' ठाकुर ने जैसे उसे ताड़ना दी, ''मैं तो तेरे लिए ईशान जैसे छोटे-छोटे अधिकारियों से भी याचना करता रहता हूँ, और तू है कि माँ के सामने से भी खाली हाथ लौट आया।''

''खाली हाथ तो नहीं लौटा।'' नरेन्द्र ने मन-ही-मन कहा, ''याचना तो मैंने की थी किंतु ...''

''अब क्या करूँ?'' उसने ठाकुर से पूछा।

''जा-जा फिर प्रार्थना कर। अभी कुछ नहीं बिगड़ा है।'' ठाकुर ने उसे मंदिर की ओर धकेला।

नरेन्द्र ने मंदिर की ओर अभी मुख ही फेरा था कि जैसे उसका रोम-रोम कंटकित हो उठा। ...माँ! माँ!! ...उसके अपने वश में कुछ भी नहीं रह गया था। उसकी धमनियों में बहने वाले रक्त की एक-एक बूँद चिल्ला रही थी 'माँ! माँ!!' ...वह मंदिर में इस प्रकार प्रविष्ट हुआ, जैसे एक-आध घूँट पीने के पश्चात् ही कुएँ से परे धकिया दिए गए किसी व्यक्ति को पुनः कुएँ के पास जाने का मार्ग मिल गया हो...वह नहीं जानता था कि वह उन्माद की स्थिति थी या परम शांति की। वह तो तृष्णा और तृप्ति को एक साथ ही अनुभव कर रहा था। उसने आज तक मनुष्यों को अपने से बाहर अपने सामने खड़े हुए अपनी आँखों से देखा और हाथों से छुआ था...किंतु माँ का साक्षात्कार कितना भिन्न था।...वह माँ का अनुभव कर रहा था...दसों दिशाओं में और फिर अपनी आत्मा में।...उसका अपना अस्तित्व तो कहीं था ही नहीं।...वह न पृथक् था, न उसका शरीर था, न उसका अस्तित्व था...बस माँ थीं।...

''माँ! मुझे भक्ति दो माँ! वैराग्य दो। विवेक दो।...ताकि मैं तुम्हारा अबाध

साक्षात्कार करता रहूँ। माँ! ...माँ!! ..." वह लौटा तो ठाकुर अपने प्रश्न के साथ तैयार बैठे थे, "क्यों रे! अब की बार तो कह आया न?"

नरेन्द्र चौंक कर अपनी तल्लीनता से बाहर आया...अपनी माँ और भाइयों के लिए तो उसने इस बार भी कुछ नहीं माँगा...उसकी भक्ति और वैराग्य से उनका पेट कैसे भरेगा ...वह तो उनका कष्ट दूर करने की प्रार्थना करने गया था, और माँ के सम्मुख पहुँचते ही, फिर से स्वार्थी हो गया। केवल अपने हित की ही बात याद रही, उनका क्या होगा—यह सोचा ही नहीं।

"नहीं महाराज!"

"तो फिर क्या कर आया?"

"मैं तो अपने वश में ही नहीं रह पाता महाराज! माँ को देखते ही, उसके प्रभाव से संसार की सारी बातें भूल कर केवल ज्ञान-भक्ति-लाभ की बात ही कह पाता हूँ।"

"यह क्या रे!" ठाकुर बोले, "स्वयं को सँभाल कर, वैसी प्रार्थना क्यों नहीं करता? हो सके तो और एक बार जाकर, उन बातों को कह आ। जल्दी जा।"

ठाकुर जैसे उसे भीतर धकेल रहे थे कि कहीं विलंब न हो जाए। नरेन्द्र भी जाने को उत्सुक था...किंतु इस बार मंदिर में प्रवेश करने पर होने वाला अनुभव कुछ भिन्न था।...इस बार उसे आत्म-विस्मरण नहीं हुआ।...उसे लगा कि माँ साक्षात् सामने खड़ी तो हैं, किंतु इस बार नरेन्द्र का अपना अस्तित्व भी विलीन नहीं हुआ था। उसे स्मरण था कि वह यहाँ क्या माँगने आया है। माँ की दृष्टि उस पर थी। कैसी स्नेह भरी दृष्टि से देख रही थीं, जैसे वह कह रही हों, 'माँग! क्या माँगना है तुझे!'

लज्जा के मारे जैसे नरेन्द्र के पाँव जड़ हो गए। जिह्वा निस्पंद हो गई। उसका सारा अस्तित्व जैसे आत्मग्लानि में डूब गया।...वह जगदंबा से क्या माँगने आया है? तुच्छता की भी कोई सीमा होती है! सागर से कभी कोई रेत कण माँगता है क्या? ठाकुर शायद इसी को कहा करते थे, 'राजा की प्रसन्नता प्राप्त करके उससे कद्दू, कोंहड़ा माँगना!' यह भी वैसी मूर्खता की बात हुई। उसे लगा जगदंबा के सम्मुख उपस्थित हो, उसकी दया-दृष्टि प्राप्त कर, उनसे वह माँगना जो उसे साधारण-सा व्यापारी या छोटा-मोटा अधिकारी भी दे सकता है...कैसी मूढ़ता है!...यहाँ तक आया ही है, सौभाग्य से यह क्षण मिला है, तो कोई बड़ी चीज़ माँगे,

कोई अमूल्य पदार्थ माँगे, कोई असाधारण उपलब्धि...जो जगन्माता से ही प्राप्त हो सकती है...

"मैं और कुछ नहीं माँगता माँ! केवल ज्ञान और भक्ति दो।" नरेन्द्र का द्वंद्व मिट गया था...मन एकाग्र हो गया था, चेतना जैसे आनंद के सरोवर में केलि कर रही थी, "केवल ज्ञान और भक्ति दो माँ! ज्ञान और भक्ति... ।"

'इस माँ को मैं पराया समझ उससे कुछ माँगने आया था' नरेन्द्र ने सोचा, 'जैसे उसे मेरा ध्यान ही न हो। माँ को अपने बच्चे की चिंता नहीं होगी, तो किसे होगी!...माँ ने यदि अपने बच्चे के मुख से दूध का कटोरा हटा लिया है, तो उसका कोई-न-कोई कारण होगा...बालक को कोई रोग होगा, जिसमें दूध पीना उसके लिए हानिकारक होगा...यह क्यों माना जाए कि माँ के पास दूध नहीं है, या माँ को याद ही नहीं है कि उसका बच्चा भूखा है...या माँ अपने बच्चे को दूध पिलाना ही नहीं चाहती...ऐसा अविश्वास पाप है...माँ के प्रति अविश्वास क्यों...' नरेन्द्र ने कहा, "माँ! मुझे भक्ति और ज्ञान दो माँ! और कुछ नहीं। केवल भक्ति और ज्ञान। ...माँ!... माँ!!..."

नरेन्द्र मंदिर से बाहर निकला तो जैसे बिजली के समान उसके मस्तिष्क में एक बात कौंधी–यह सब कहीं ठाकुर की ही तो लीला नहीं?...वह तीन-तीन बार माँ के सम्मुख गया और कुछ माँगना तो दूर, वह माँ से यह भी नहीं कह सका कि उसका परिवार कष्ट में है...ठाकुर ने ही यह सारा भ्रमजाल फैला रखा है।...वे ही नहीं चाहते कि वह सिवाय भक्ति और ज्ञान के, कुछ भी और माँगे।...

उसे देखते ही ठाकुर ने पुनः पूछा, "क्यों रे! माँग लाया माँ से धन-दौलत?"

नरेन्द्र को लगा कि जैसे वे उसे चिढ़ा रहे हैं–'क्यों रे! माँग लाया माँ से कद्दू-कोंहडा?'

नरेन्द्र के मन में अपने गुरु के लिए भक्ति की एक तीव्र और शक्तिशाली लहर उठी। उसने अपने मुख से एक शब्द भी नहीं कहा। सीधे उनके चरणों पर ही जा गिरा, "आपने ही मुझे विस्मृति में डाल दिया। मेरा यह मति-भ्रम आपका ही दिया हुआ है।...अब आपको ही कहना होगा, जिससे मेरे परिजनों को अन्न-वस्त्र का कष्ट न हो।"

ठाकुर ने अबोध बालक के समान अपनी असमर्थता जता दी, "अरे मैं तो

वैसी प्रार्थना किसी के लिए भी नहीं कर सका। मेरे मुख से तो वैसी कोई सांसारिक याचना निकलती ही नहीं।"

"तो मैं अब किसके पास जाऊँ?" नरेन्द्र ने उनके चरण नहीं छोड़े, "मैं किससे याचना करूँ?"

"तुझे कह दिया कि माँ से जो कुछ माँगेगा, वही पाएगा।" ठाकुर बोले, "तो अब और क्या चाहिए तुझे?"

"पर मैं माँग तो नहीं सका न।"

"तू माँग नहीं सका, तो तेरे भाग्य में सांसारिक सुख ही नहीं है।" ठाकुर तनिक भी रुष्ट प्रतीत नहीं हो रहे थे, "अब बता मैं क्या करूँ?"

"माँ से नहीं कहना चाहते, तो आप स्वयं ही वरदान दीजिए कि मेरे परिजनों के कष्ट दूर हों।" नरेन्द्र बोला, "मुझे दृढ़ विश्वास है कि आपके एक बार कह देने से ही उनके सारे अभावों की पूर्ति हो जाएगी।"

"तुझे दृढ़ विश्वास है?" ठाकुर ने जैसे पुनः उसे चिढ़ाया।

"हाँ। मुझे दृढ़ विश्वास है।"

ठाकुर उसे देखते रहे जैसे सचमुच परखना चाहते हों कि उसकी दृढ़ता में कितना बल है...नरेन्द्र था कि उनके चरणों पर अपनी पकड़ तनिक भी ढीली नहीं कर रहा था।...

"अच्छा जा! उनको मोटे अन्न और वस्त्रों का कोई अभाव नहीं रहेगा।" अंततः ठाकुर बोले।

नरेन्द्र ने उनके चरण छोड़ दिए, किंतु अपनी आँखों में आभार भरे उनकी ओर देखता रहा।...उसका विह्वल मन बार-बार कह रहा था कि वह अपना मस्तक ही उनके चरणों पर रख दे।...

• • •

मुझे लगा कि अब रुकने का क्या अर्थ? परमहंस को पाकर जब विवेकानंद ने अपनी समस्त काराएँ तोड़ डालीं तो क्या मैं सत्गुरु के रूप में डॉ० कोहली को पाकर अपनी संकीर्णताओं और अज्ञान की काराओं को तोड़ने का प्रयत्न भी नहीं कर सकता? अवश्य कर सकता हूँ। यदि गुरु की कृपा हो तो क्या संभव नहीं है।...मेरे मन ने तुरंत डॉ० कोहली के पास जाने की प्रबल इच्छा व्यक्त की।

वह उनके चरणों में बैठकर जी भर कर रोते हुए यह प्रार्थना करना चाहता था कि वे उसे गोविंद से मिलवाएँ। मन उनसे उनके अलौकिक ज्ञान को पाना चाहता था। वह उनकी कृपा से अपने चक्षु खोलना चाहता था।...किंतु बुद्धि ने मन पर अंकुश लगाया, "अभी शरीर अस्वस्थ है। दुर्बल है। और फिर अभी कुछ दिन पहले ही तो गुरु ने यह परामर्श दिया था कि अनावश्यक नहीं घूमना है...फिर? क्या उनकी बात का कोई महत्व नहीं? क्या मन इतना उच्छृंखल हो गया है?"

अंततः विवेक ने निर्णय दिया कि बुद्धि ठीक कहती है। पहले स्वास्थ्य सुधर जाए फिर गुरु के पास भी जाना और उनसे चर्चा भी करना।

• • •

लगभग दो सप्ताह बाद मेरे स्वास्थ्य में सुधार हुआ और मैं उसी उत्कंठित, उन्मत्त स्थिति में उनके पास पहुँचा।

"'तोड़ो, कारा तोड़ो' पढ़ने के बाद मैं यह मान नहीं सकता कि आपको ईश्वर के दर्शन नहीं हुए हैं। क्या आप भी समाधि में विचरण करते हैं?" सामान्य बातचीत के बाद, प्रश्न के रूप में मैंने अपना निष्कर्ष उनके सम्मुख रखा।

वे मुस्कराए, "न तो मैंने ईश्वर का साक्षात्कार किया है और न कभी समाधि में लीन हुआ हूँ।"

"तो फिर इन उपन्यासों में आपने ऐसा वर्णन कैसे कर लिया?" मैं कुछ अड़ा, "इस उपन्यास को पढ़ कर ऐसा लगता है जैसे ईश्वर हमारे इर्द-गिर्द घूम रहा है...जब पढ़ने वाले को ईश्वर के अस्तित्व का बोध होने लगता है तो...आपने तो इन्हें रचा है। निःसंदेह आपको कोई तो दिव्य अनुभव हुआ ही होगा।"

वे ठठाकर हँस दिए, "नहीं, ऐसा कुछ नहीं है। यह सब तो कला का मायाजाल है।" सहसा वे गंभीर हो उठे, "जहाँ तक समाधि या ध्यानस्थ होने का प्रश्न है, मेरा यह मानना है कि ध्यान अथवा समाधि के भी अनेक रूप हैं। कुछ लोग योग के द्वारा समाधिस्थ होते हैं,कुछ भक्ति के द्वारा, कुछ प्रेम के द्वारा और कुछ ललित कलाओं के द्वारा।...जब व्यक्ति पूर्णतः एकाग्रचित्त हो कर लिखता है तो वह रचना या कृति एक प्रकार के 'ट्रांस' में लिखी गई होती है। जिसे पढ़ कर बाद में स्वयं लेखक भी चमत्कृत हो उठता है।...अपने स्नायविक तनाव से मुक्ति पाने के लिए मनोचिकित्सक के कहने पर मैंने ध्यान लगाने का बहुत प्रयत्न किया है—कई महीनों

तक। सत्य यह है कि मेरा ध्यान कभी नहीं लगा। अंततः मेरी समझ में आया कि मैं केवल अपने लिखने में एकाग्र हो सकता हूँ। मेरा ध्यान केवल मेरे लेखन में ही हैं अतः अब पालथी मार कर, ध्यान लगाने का प्रयत्न भी नहीं करता। इसे तुम मेरा कर्म-योग समझ लो।..."

• • •

जब से डॉ० कोहली ने मुझे अपना सहयोगी स्वीकार किया, तब से मेरा यही प्रयत्न रहा है कि मैं अधिक-से-अधिक उन्हें अपना सहयोग दे सकूँ। उनको इधर-उधर के साधारण कार्यों से मुक्त रखूँ ताकि वे एकाग्र होकर लिख सकें। स्वास्थ्य में सुधार होते ही मैंने पुनः 'डिक्टेशन' लेने जाना आरंभ कर दिया। अब चूँकि मेरे पास कोई नौकरी नहीं थी, इसलिए समय दोपहर तीन बजे का रखा गया।

मैं 'डिक्टेशन' लेने पहुँचा था। काम आरंभ ही हुआ था कि विनोद ने आकर बताया कि डॉ० प्रतिभा स्वरूप आई हैं।

डॉ० कोहली को 'डिक्टेशन' देने की स्थिति से उबरने में कुछ क्षण लगे और जब उनके मस्तिष्क ने पूरी तरह सूचना को ग्रहण किया तो वे कुर्सी छोड़कर उठे, और बोले, "पंखा, बिजली और दरवाज़ा बंद करके नीचे आ जाओ। अब काम नहीं होगा।"

मैं नीचे पहुँचा। उन्होंने मुझ से कहा, "यदि तुम घर जाना चाहते हो तो जाओ। ...और यदि चाय-कॉफी के साथ बातों में सम्मिलित होना चाहते हो तो रुक जाओ।"

प्रायः ऐसा होता रहता है कि जब मैं उनके पास पहुँचा हूँ और कोई उनका साक्षात्कार लेने, उनसे मिलने, उनसे साहित्यिक चर्चा करने, उनकी पुस्तकों पर शोध करने, अपने प्रश्नों के उत्तर लेने कोई आया हो तो वे मुझे यही परामर्श दिया करते हैं। वे जान चुके हैं कि मेरी रुचि उन्हें समझने और उनके निकट रहने में है।

डॉ० कोहली ने मेरा परिचय डॉ० प्रतिभा स्वरूप से अपने एक भूतपूर्व छात्र के रूप में कराया और उनका परिचय कराते हुए मुझे बताया कि उनके कारण ही स्वामी विवेकानंद की जीवन-गाथा पर आधृत उपन्यास 'तोड़ो, कारा तोड़ो' लिखा जाना संभव हुआ। उन्होंने ही इस विषय पर दूरदर्शन का धारावाहिक लिखने का आग्रह किया था, जो अब उपन्यास के रूप में लिखा गया। अर्थात् वे ही निमित्त

बनीं।

"विवेकानंद ने प्रत्येक स्थान पर रामकृष्ण परमहंस को अपना गुरु स्वीकार किया है। अन्य लोग भी उन्हें परमहंस का परम शिष्य मानते हैं, किंतु परमहंस ने कभी प्रत्यक्ष रूप से विवेकानंद को अपना शिष्य क्यों नहीं कहा?" डॉ० प्रतिभा स्वरूप ने पूछा।

अभी कुछ देर पहले जब डॉ० कोहली ने मुझे अपना भूतपूर्व छात्र कहते हुए, मेरा परिचय करवाया था तो उस समय मुझे एक व्याकुलता ने आ घेरा था। बातों के प्रवाह में वह व्याकुलता मार्ग नहीं पा सकी थी। डॉ० प्रतिभा स्वरूप के इस प्रश्न ने तो जैसे मेरे प्रश्न के लिए पुल बना दिया और मेरी व्याकुलता स्पष्ट हो उठी। जब-जब उन्होंने मेरा परिचय दिया, सदा अपने भूतपूर्व विद्यार्थी या सहायक के रूप में दिया। विद्यार्थी कोई भी हो सकता है किंतु शिष्य 'कोई' नहीं होता, वह विशेष होता है। तो क्या मैं अपने गुरु के लिए विशेष नहीं बन पाया हूँ? क्या अभी मेरे शिष्य भाव में परिपक्वता नहीं आई है? यदि ऐसा नहीं है तो वे अपने शिष्य के रूप में मेरा परिचय क्यों नहीं कराते?

इधर मैं यह सब सोच रहा था और उधर डॉ० कोहली प्रतिभा जी से कह रहे थे, "...कोई कहे कि अमुक प्रसिद्ध व्यक्ति मेरा शिष्य है, तो इसमें तनिक भी गर्व की बात नहीं है।" उनके हाथ समझाने की मुद्रा में फैल गए, "गर्व तो इसमें है कि वह प्रसिद्ध व्यक्ति कहे कि वे मेरे गुरु हैं।...आप सड़क पर खड़े हो कर छाती ठोक कर कहते रहिए कि देश का वह सम्मानित और प्रतिष्ठित व्यक्ति मेरा शिष्य है, कोई आपका महत्व स्वीकार नहीं करेगा। आपका वह सुप्रसिद्ध और प्रतिष्ठित शिष्य स्वयं भक्ति से अभिभूत हो कर कहे कि अमुक सज्जन मेरे गुरु हैं तो वह स्थिति गुरु के लिए सुखद और गरिमामंडित होती है। यह महत्वपूर्ण नहीं है कि सुदामा कृष्ण को अपना मित्र कहे, महत्वपूर्ण यह है कि कृष्ण सुदामा को कंठ से लगा रहे हैं।"

मैं चमत्कृत हो उठा। तो यह कारण है डॉ० कोहली के व्यवहार का। वे किसी को अपना शिष्य नहीं कहेंगे। शिष्य की इच्छा हो तो उन्हें अपना गुरु घोषित करता रहे।...मेरे मन का रोष जाने कहाँ विलीन हो गया था।

7

मैं अभी पूर्णतः स्वस्थ नहीं हुआ था। जीविका की चिंता अभी भी सताती थी। बार-बार मन यही सोचता था कि अयोग्य व्यक्तियों को भी मात्र इसलिए अच्छी नौकरी मिल जाती है, क्योंकि उनके पास संपर्क है, धन है। विभिन्न सरकारी संस्थानों में हिन्दी से संबंधित अशुद्ध सूचनाओं से भरी तख्तियों और उनकी प्रकाशित विज्ञप्तियों को देख कर एक ही प्रश्न उठता था कि क्या इनके पास कोई योग्य हिन्दी अधिकारी नहीं है? आकाशवाणी और दूरदर्शन केन्द्र में भी मैंने ऐसे अधिकारी देखे, जिन्हें हिन्दी-विभाग सौंपा गया है, किंतु वे हिन्दी से अनभिज्ञ हैं...और जिन्हें हिन्दी का अच्छा ज्ञान है, वे हंस होते हुए भी दाना-तिनका चुग रहे हैं।

इस सोच-विचार में दिन बीत रहे थे कि एक दिन एक मित्र ने सूचित किया कि समाचार-पत्र में हिन्दी-अध्यापक के पद हेतु विज्ञापन निकला है।

"कहाँ?" मैंने पूछा।

"वसंत विहार में कोई सूरजभान डी०ए०वी० स्कूल है। एफ दस बटा कुछ है। वह मुझे याद नहीं आ रहा।" उसने बताया। "वसंत विहार!!" मेरे मुँह से निकला, "वह तो बहुत दूर है।"

"फिलहाल तुझे नौकरी की जरूरत है, नौकरी को तेरी नहीं, इसलिए दूरी मत देख। ख़ाली रहेगा तो अधिक सोचेगा। कल सुबह वहाँ साक्षात्कार होने हैं।" वह बोला, "मैं यह समाचार लेकर तेरे पास आया हूँ इसलिए मेरे कहने पर वहाँ जा तो सही।"

मैंने उसे वचन दिया कि मैं अवश्य जाऊँगा, किंतु मन-ही-मन सोचता रहा कि मेरी बढ़ी हुई दाढ़ी और लंबे रूखे-सूखे बालों वाली कृश काया को देखकर कोई भी मुझे अध्यापक की नौकरी नहीं देगा। अब तक के अनुभव से मैं इतना

तो जान ही चुका था कि अच्छा अध्यापक वह माना जाता है जो महंगे वस्त्र पहने। गाड़ी या स्कूटर पर स्कूल आए। साइकिल पर स्कूल आने वाले को 'टुच्चा' या ग्राम्य समझा जाता है।

...मैं दो घंटे में उस विद्यालय तक पहुँचा। पहुँचते-पहुँचते बुरी तरह थक चुका था। मैंने सोचा, ऐसे विद्यालय में नौकरी पा कर क्या होगा, जहाँ पहुँचने के लिए पच्चीस किलोमीटर की दूरी बसों में अनेक मानसिक और शारीरिक यातनाएँ सहते हुए दो घंटे में तय करनी पड़े। ...घर से प्रातः पौने छह बजे चलना होगा...उफ! कैसे होगा यह सब! नहीं इस विद्यालय में मुझे नौकरी नहीं करनी। ...मैंने लौटना चाहा, ...किंतु अपना वचन स्मरण हो आया...

चपरासी ने सूचना दी कि हिन्दी-अध्यापक पद के लिए आए सभी लोग पुस्तकालय में पहुँचें। वहाँ लिखित परीक्षा होगी।

लिखित-परीक्षा से पूर्व एक महिला ने घोषणा की कि यह नियुक्ति अस्थाई है और केवल दो महीने के लिए है। अनेक उम्मीदवारों ने इस बात पर अपना रोष प्रकट किया कि यदि ऐसी बात थी तो विज्ञापन में इस ओर संकेत क्यों नहीं किया गया, कुछ उम्मीदवार चले गए। जो शेष बचे, उनकी संख्या भी बीस थी।

लिखित परीक्षा के बाद सभी को पुस्तकालय में ही रुके रहने के लिए कहा गया। मैं हिन्दी-विभाग की अलमारियों की ओर बढ़ा। वहाँ पर डॉ० नरेन्द्र कोहली की पुस्तकों के लिए एक अलग ही शैल्फ़ बना हुआ था । उसमें डॉ० कोहली की अनेक पुस्तकें रखी हुई थीं। देखकर मन प्रसन्न हुआ। कुछ देर पश्चात् तेरह उम्मीदवारों को रुकने के लिए कहा गया। ये वे उम्मीदवार थे जिनकी लिखित परीक्षा संतोषजनक पाई गई थी। उनमें एक नाम मेरा भी था। मैं वैसे ही बहुत थका हुआ था। अब साक्षात्कार के लिए न जाने कितनी देर रुकना पड़े...। मैं सोचने लगा कि इन संस्थाओं के संचालक वैसे तो कितना रुपया अनाप-शनाप ख़र्च करते हैं, किंतु अपने द्वार पर जीविका की याचना के लिए आए बेरोजगार उम्मीदवारों को चाय का एक प्याला भी नहीं पिला सकते!...

साक्षात्कार के लिए प्रधानाचार्या के कक्ष में एक-एक करके उम्मीदवारों को भेजा जाने लगा।

मेरी बारी आई। मैंने कक्ष में प्रवेश किया। वहाँ पर सभी महिलाएँ बैठी थीं। सभी ने मुझे विचित्र दृष्टि से देखा। उनका इस प्रकार मुझे देखना, स्वाभाविक

ही था, क्योंकि नौकरी के साक्षात्कार के लिए जाने वाला प्रत्येक प्रत्याशी यह प्रयत्न करता है कि वह आकर्षक दिखे और एक मैं था जो प्रथम दृष्टि में ही भिक्षुक का-सा आभास देता था।

"बैठिए।"

मैं बैठ गया।

"आप ही महेशदत्त शर्मा हैं?"

"जी हाँ।"

"यह हैंडराइटिंग आपकी है?" प्रधानाचार्या ने मेरी कॉपी मुझे दिखाते हुए पूछा।

"जी हाँ।"

"ब्यूटीफुल!" वे प्रसन्न मुद्रा में बोलीं और मेरे प्रार्थना-पत्र पर पुनः दृष्टि डालते हुए बोलीं, "आप लिखते भी हैं?"

"जी हाँ।" मैंने विभिन्न समाचार-पत्रों में प्रकाशित अपनी चुनी हुई रचनाओं की फ़ाइल उनके सम्मुख रख दी।

"आपको लिखने की प्रेरणा कहाँ से मिली?" उनके पास बैठी एक महिला ने पूछा।

"डॉ० नरेन्द्र कोहली से।" मैंने उत्तर दिया। "आप उन्हें जानते हैं?" उस महिला के स्वर में आश्चर्य था।

"जी हाँ।"

"कैसे?"

"वे मेरे गुरु हैं। मैंने उनसे शिक्षा और दीक्षा पाई है।"

"फिर तो आपने 'दीक्षा' भी पढ़ी होगी।" वे मुस्कराईं। मैं भी मुस्करा दिया।

"आपने अब से पहले तीन विद्यालियों में काम किया है। वहाँ से नौकरी छोड़ने का क्या कारण रहा?" प्रधानाचार्य ने मुझसे पूछा।

"प्रत्येक विद्यालय में मेरी अस्थाई नियुक्ति हुई। उस समय प्रत्येक विद्यालय ने मेरा उपयोग 'स्टेप्नी' के रूप में किया। अपना काम निकाला और मुझे विदा किया।...एक समय तो ऐसा भी आया था जब मेरे सामने एक ओर सरकारी नौकरी थी और दूसरी ओर अस्थाई अध्यापक का पद। उस समय भी मैंने अध्यापन कार्य को चुना था, और नियुक्त करने वाले विद्यालय ने मुझे स्थाई करने का वचन दिया था। ...किंतु समरथ को नहिं, दोष गुसाईं। उन्होंने यह कह कर कि मैं बी०एड० नहीं हूँ, मुझे सेवा से अलग कर दिया।...बल्कि यूँ कहिए कि मैं तो विद्यालयों में अध्यापिकाओं के प्रसूति-अवकाश के समय ही कहीं-कहीं नियुक्ति पाता रहा हूँ।"

"हम आपको 'स्टेप्नी' नहीं रहने देते, किंतु फिलहाल हमारे विद्यालय में भी 'स्टेप्नी' ही चाहिए।" वे कोमल स्वर में बोलीं।

मेरी इच्छा 'नहीं' कहने की थी, किंतु उनके बातचीत करने के ढंग ने मेरे विचार को बदल दिया और मैंने 'हाँ' कर दी।

निर्धारित अवधि के पश्चात् मेरी सेवा समाप्त हो गई, किंतु मेरी कार्य-पद्धति और अभिभाविकों की अच्छी प्रतिक्रिया से प्रभावित हो कर प्रधानाचार्या श्रीमती चंद्रकांता चावला ने मुझे पुनः नियुक्त कर लिया।

एक बार श्रीमती चावला ने मुझे बताया कि एक अन्य विद्यालय की प्रधानाचार्या किसी समारोह में उनसे मिलीं और संयोग से मेरी चर्चा चल पड़ी। दूसरे विद्यालय की प्रधानाचार्या आश्चर्य से बोलीं, "महेशदत्त शर्मा नाम का वह लेखक आपके यहाँ पढ़ाता है।"

"हाँ!" चंद्रकांता जी बोलीं।

"कितने दिन हो गए?"

"वर्ष भर हो गया।"

"अच्छा!! कमाल है!!!" उस प्रधानाचार्या ने आश्चर्य व्यक्त किया।

"क्यों, ऐसी क्या बात है?"—चंद्रकांता जी ने पूछा।

"आपने उसे आज तक 'टॉलरेट' कैसे किया?" उनके स्वर में अभी भी आश्चर्य था।

"क्यों ऐसी तो उसमें कोई बात नहीं।" चंद्रकांता जी बोलीं, "कुछ बचपना या अव्यावहारिकता उसमें अवश्य है, किंतु वह ऐसी तो नहीं है कि उसे सहन न किया जा सके। मैं उसे समय-समय पर समझाती भी रहती हूँ और अब वह सांसारिक रूप से कुछ समझदार भी हुआ है।"

"पता नहीं!...खैर आपकी हिम्मत है कि आप उसे 'टॉलरेट' कर रही हैं। उसने तो छह महीने में हमारी नाक में दम कर दिया था।"

उनका कथन सत्य था। कोई भी अधिकारी यह सहन ही नहीं कर सकता कि उसका अधीनस्थ कर्मचारी उसे उसकी प्रशासनिक कमियों से अवगत कराए।

कुछ समय पश्चात् मैंने श्रीमती चावला को डॉ० कोहली के उपन्यास 'तोड़ो, कारा तोड़ो' की प्रति दिखाई उन्होंने उसे मँगवाया। मैंने ही उन्हें बताया था कि मैं नियमित रूप से डॉ० कोहली के पास 'डिक्टेशन' लेने जाता हूँ, और 'तोड़ो, कारा तोड़ो' की प्रति प्रधानाचार्या के परिवार से होती हुई जहाँ-तहाँ भी गई—उनको पढ़ने वाला प्रत्येक व्यक्ति डॉ० कोहली का प्रशंसक बनता गया।...प्रधानाचार्या और मेरे सहयोगियों को मुझ पर गर्व होने लगा कि उनके मध्य एक महान् साहित्यकार का विद्यार्थी वर्तमान है।...प्रायः मैंने देखा है कि जब भी कोई यह

कीं। मैं कॉपियाँ घर ले जाता हूँ या अपने ख़ाली पीरियड्स में जाँचता हूँ। 'स्टे बैक' का उद्देश्य तो मैं पूरा कर रहा हूँ।''

''नहीं यह संभव नहीं है। तुम्हें रुकना होगा।'' वे बोलीं।

मैं दुःखी मन से उनके कक्ष से बाहर आ गया और सोचने लगा, यह मेरे देश का दुर्भाग्य है कि एक खिलाड़ी और फ़िल्मी कलाकार को तो दुनिया भर की सुविधाएँ दी जाती हैं, किंतु लेखक को कोई सहायता नहीं दी जाती।...वे विद्यालय की प्रधानाचार्या हैं चाहें तो अपने विशेषाधिकारों के अन्तर्गत मुझे यह सुविधा प्रदान कर सकती हैं, किंतु ...

8

सन् 1992 में नवभारत टाइम्स में 'काँटे की बात' नाम से एक व्यंग्य का कॉलम छपना शुरू हुआ था। डॉ. कोहली को उसके लिए सप्ताह में एक व्यंग्य भेजना होता था। अतः उन दिनों मेरा नियमित पहुँचना आवश्यक था। वे मुझे व्यंग्य की 'डिक्टेशन' दे देते थे। मुझे तुरंत उसकी साफ प्रतिलिपि तैयार कर, उसकी फोटो कॉपी करवा, कार्यालय को भेजना होता था। डॉ. कोहली के टाइपिस्ट उनके उपन्यासों को टाइप करने में व्यस्त थे। इसलिए मेरा दायित्व कुछ बढ़ गया था।

मैंने घंटी बजाई। अगस्त्य ने दरवाजा खोला, "पिताजी घर पर नहीं हैं।"

"इसका अर्थ आज छुट्टी!" मैं हँसा।

"नहीं।" उसने स्वयं हँसकर, मेरी हँसी को बीच में ही रोक दिया, "पिताजी आपके लिए काम छोड़ गए हैं। ऊपर मेज पर रखा है।"

"क्या है?" मैंने सीढ़ियाँ चढ़ते हुए पूछा।

"एक लेख रखा है। उसे 'फेयर' करना है।"

डॉ. कोहली की मेज पर एक व्यंग्य लेख रखा था। लिखने से पूर्व मैं उसे पढ़ने का मोह त्याग नहीं सका। मेरी दृष्टि लेख के शीर्षक पर अटक गई—'किसा भय?'...मेरे माथे पर अपरिचय की रेखाएँ उभरीं : 'किसा भय?' क्या अर्थ हुआ इसका।

मैं सारा लेख पढ़ गया किंतु 'किसा' शब्द की सार्थकता को व्यक्त करता, कहीं कोई संकेत प्राप्त नहीं हुआ। मेरी बुद्धि बोली, "यह शब्द 'कैसा' या 'किसका' होगा, जो डॉ. कोहली से जल्दी में 'किसा' लिखा गया।"...किंतु मन बोला, "जैसा उन्होंने लिखा है, तू वैसा ही उतार।"

तभी अगस्त्य कंप्यूटर पर आ बैठा।

“अगस्त्य! सर ने इस लेख का शीर्षक दिया है—‘किसा भय?’ क्या तुम्हें इसका अर्थ मालूम है?”

अगस्त्य तो जैसे आज परिहास की मुद्रा में था। उसने शीर्षक पढ़ा और आगे बढ़ता हुआ हँस कर बोला, “पिताजी ने कोई नया प्रयोग किया होगा।”

मेरी बुद्धि बोली, “यदि यह प्रयोग है तो एक पाठक के दृष्टिकोण से मेरी पकड़ में भी कुछ आना चाहिए।”

खैर मैंने उस लेख के शीर्षक को ज्यों-का-त्यों उतार दिया। अगले दिन डॉ. कोहली ने मुझे डाँटा, “कल तुमने व्यंग्य के शीर्षक पर जरा भी ध्यान नहीं दिया। मैं गलती से ‘किसका भय?’ को ‘किसा भय?’ लिख गया और तुमने उसे वैसे-का-वैसा ही लिख दिया।”

“मेरा भी यही अनुमान था, किंतु सोचा कि आपने लिखा है तो ठीक ही लिखा होगा।”

“मुझे अंध-भक्ति नहीं चाहिए।” डॉ. कोहली रुष्ट स्वर में बोले।

मैं मौन रहा।....मेरा मन अपने गुरु के कार्यों में दोष निकाल कर, उन्हें खिन्न या अप्रसन्न नहीं करना चाहता।...और मन बुद्धि की बात कभी नहीं सुनता।

अपने स्थान पर डॉ. कोहली भी सच्चे थे और शायद मैं भी।

• • •

मैंने घंटी बजाई। डॉ. कोहली ने दरवाजा खोला। उनके हाथ में कुछ कागज थे।

“पहले इन कागजों की एक-एक फोटोकॉपी करवा लाओ, फिर काम करेंगे।” वे मुझे कागज और पैसे थमाते हुए बोले। मैं फोटोकॉपी करवा कर लौटा। वह व्यंग्य-लेख था।

“कल विद्यालय से कितने बजे तक लौटोगे?” उन्होंने लेख की मूल प्रति फाइल में लगाते हुए मुझसे पूछा।

“कल तो हमारी छुट्टी है सर!” मैं बोला।

“क्यों?”

“कल महीने का दूसरा शनिवार है न।”

“हाँ!” जैसे उन्हें स्मरण हो आया, “दूसरे शनिवार को तो तुम्हारा विद्यालय

बंद रहता है।"

"कुछ काम है सर?" मैंने पूछा।

"पहले यह बताओ कि तुम्हारा कल का क्या कार्यक्रम है?" उन्होंने पूछा।

"कुछ नहीं।"

"तो ऐसा करना कल दोपहर तक यह लेख नवभारत टाइम्स के संपादक को दे आना।" उन्होंने उस फोटोकॉपी को तह किया और लिफ़ाफे में डाल दिया।

"किंतु सर, यह लेख तो हम उन्हें सप्ताह भर पहले भेज चुके हैं।" मैंने उन्हें स्मरण कराया।

"अरे!" वे मुस्कराए, "आज संपादक महोदय का फोन आया था कि सोमवार को आपका लेख छपना है और अभी तक आपने लेख भेजा नहीं।"

"यानी वह लेख डाक-विभाग का कृपा पात्र बन गया।" मैं मुस्कराए बिना नहीं रह सका।

मैं नवभारत टाइम्स के कार्यालय में पहुँचा। संयोग से, सुभाष अखिल की दृष्टि मुझ पर पड़ गई। मैंने भी उन्हें देखा और उनकी मेज की ओर मुड़ा।

"वह तो गुरु हमारी नज़र पड़ गई वर्ना तुम तो आँख बचा कर भाग रहे थे।" सुभाष अखिल ने मुझ पर कटाक्ष किया।

"नहीं, ऐसी बात नहीं है।" मैं मुस्करा दिया।

"और सुनाओ कैसे हो?" उसने अपना हाथ मेरी ओर बढ़ाया।

"अच्छा हूँ।" मैंने भी अपना हाथ आगे बढ़ा दिया।

"कैसे आना हुआ?"

मैंने कारण बताया।

तभी एक व्यक्ति कुछ कागज़ लिए सुभाष अखिल के पास आया। सुभाष अखिल ने उन कागज़ों को देखा और 'पेपर वेट' के नीचे दबाते हुए तथा मेरी ओर संकेत करते हुए उस व्यक्ति से बोले, "इनसे मिलिए। यह महेशदत्त शर्मा हैं। मेरा गुरु-भाई यानी डॉ. नरेन्द्र कोहली का विद्यार्थी और उनका सहायक भी।"

"नमस्कार!" उस व्यक्ति ने मेरे सम्मुख हाथ जोड़ दिए, "मुझे दिनेश रणवीर कहते हैं। मैं सुभाष का 'कुलीग' हूँ। आप से मिल कर बहुत प्रसन्नता हुई। सुभाष प्रायः गुरु के प्रति आपके समर्पण की बात करता रहता है।"

"यह इन का स्नेह है।" मैं सकुचा गया था।

"अगर आप मेरे साथ चाय पीएँ तो मुझे खुशी होगी।" दिनेश रणवीर के स्वर में प्रेम भरा आग्रह था।

मैंने सिर हिला दिया। सुभाष ने इंटरकॉम से चाय का आदेश दे दिया।

"मैं नरेन्द्र कोहली का प्रशंसक हूँ।" दिनेश रणवीर बोले, "उनके 'महासमर' और 'दिनमान टाइम्स' के लिए नियमित लिखे गए कॉलम 'दूरदर्शन का महाभारत अर्थात् महाभारत का दूर से दर्शन' ने मुझे बहुत प्रभावित किया है। अद्‌भुत! 'महासमर' पढ़ कर लगता है कि यही महाभारत की वास्तविकता रही होगी।" वे जैसे डॉ. कोहली के उपन्यास 'महासमर' के पृष्ठों में खो गए थे। कुछ क्षणों पश्चात् उनका मौन भंग हुआ, "महेश जी! जब डॉ. कोहली आप को 'डिक्टेशन' देते हैं तो क्या पढ़-पढ़ कर बोलते हैं?"

"क्या पढ़ कर?" मैंने जानना चाहा।

"अपना लिखा हुआ।" वे बोले।

"जो अध्याय वे स्वयं लिख चुके होंगे, उसकी 'डिक्टेशन' क्यों देंगे?"

"नहीं मेरा अभिप्राय यह नहीं था।" वे कुछ संकोच से भर उठे, "मैं यह कहना चाहता हूँ कि वे बिना पढ़े बोलते कैसे हैं?"

"जैसे वे लिखते हैं।" मैं उनका प्रश्न समझ गया था, "जब मैं उनके पास पहुँचता हूँ तो वे लिख रहे होते हैं। मेरे पहुँचते ही कागज-कलम मेरी ओर सरका कर, कभी कुर्सी पर आराम की मुद्रा में बैठ कर या शून्य में पढ़ते हुए मुझे लिखवाते जाते हैं। उस समय अंतर केवल इतना पड़ता है कि उनकी वे अंगुलियाँ जो मस्तिष्क के मूक संकेत पाकर विचारों को लिपिबद्ध करती हैं—वे अंगुलियाँ 'पेपर वेट' से खेलने लग जाती हैं। विचार ध्वनित होने आरंभ हो जाते हैं और मेरी अंगुलियाँ उन्हें लिपिबद्ध करने लगती हैं।"

"वे कोई नशा भी करते हैं क्या?" दिनेश रणवीर ने ससंकोच पूछा, "ह्विस्की, सिग्रेट, तंबाकू या पान इत्यादि?"

"नहीं।" मैंने अपने शब्द पर बल दिया।

"तो फिर इतना अच्छा लिखते कैसे हैं?" उनका चेहरा आश्चर्य से भर उठा।

"ईश्वर की कृपा है उन पर।" मैं बोला।

"वह तो स्पष्ट दिखाई देती है, लेकिन मेरी शंका उनके सम्मुख रखना और

अगली बार मेरे लिए इस प्रश्न का उत्तर अवश्य लाना।'' वे बोले।

चाय आ गई। सुभाष जी ने सिग्रेट सुलगाई और बोले, ''मुझे इस संसार में यदि किसी से ईर्ष्या है तो वह महेश से।''

''क्यों?'' दिनेश रणवीर ने हैरान होकर पूछा।

''क्योंकि इसे वह सुख प्राप्त है जिससे हम जैसे नालायक वंचित हैं।''

''आप अपने लिए ऐसा क्यों कहते हैं?'' मैंने टोका।

''इसे गुरु-सेवा का सौभाग्य प्राप्त है, उनका सान्निध्य, उनकी छाया, उनका प्रतिदिन का संग।...और एक हम हैं कि इस मायाजाल में उलझे पड़े हैं।''

चाय समाप्त कर मैंने उनसे चलने की अनुमति माँगी और लेख संपादक महोदय के निजी सचिव को सौंप कर लौट आया।

• • •

मैंने कमरे में प्रवेश किया।

''लेख पहुँचा आए?'' डॉ. कोहली ने पूछा।

''जी हाँ।'' मैं बोला, ''सर, वहाँ एक सज्जन मिले थे। आपके प्रशंसक थे। वे जानना चाहते हैं कि आप लिखने के लिए कोई नशा करते हैं या नहीं?''

वे हँस दिए। बोले, ''किसी पत्रिका ने मेरी रचना-प्रक्रिया के संबंध में जानकारी माँगी है। आज उसको लिखने बैठा था किंतु मन निरंतर उपन्यास लेखन की ओर भाग रहा था। अंततः मुझे यह लेख अधूरा छोड़ना पड़ा। चलो तुम्हारे उत्तर के बहाने वह पूरा हो जाएगा।...'' उन्होंने दराज में से कुछ पृष्ठ निकाले और मेरी ओर बढ़ाते हुए बोले, ''पहले इन्हें पढ़ लो, फिर आगे लिखते हैं।''

उन्होंने उपन्यास के पृष्ठ एक ओर रख दिए, जो इस बात की ओर स्पष्ट संकेत कर रहे थे कि आज केवल यह लेख ही पूरा होगा।

मैंने उस लेख को मन-ही-मन पढ़ना आरंभ किया :

एक मित्र ने पूछा, ''तुम्हें लिखने में किस से सहायता मिलती है?'' मैं उसका अभिप्राय ठीक-ठीक समझ नहीं पाया। मुझे किससे मदद मिलती है, या अब तक मिली है?...पिता से? भाइयों से? माँ से? बहन से? पत्नी से? मित्रों से?...किंतु वह सहायता के विषय में पूछ रहा था या प्रेरणा के विषय में? प्रेरणा तो कहीं से भी मिल सकती है, पर सहायता ...

मित्र ने भन्ना कर कहा, "मैं यह सब नहीं पूछ रहा हूँ, लिखने से पहले, दो-एक पैग लेते हो या नहीं? लिखने के लिए तुम्हें किसी नशे की आवश्यकता होती है या नहीं? कुछ लोग सिग्रेट ही पी लेते हैं। जिन्हें वह भी नसीब नहीं, वे चाय या कॉफी से भी अपना काम चला लेते हैं।"

मैंने बहुत सोचा। मैं इन चीज़ों का अभ्यस्त नहीं हूँ। चाय और कॉफ़ी को मैंने कभी पढ़ने-लिखने में सहायक के रूप में इस्तेमाल नहीं किया।

"तो तुम्हें लिखने के लिए किसी नशे की आवश्यकता नहीं है?"

"लिखना ही मेरा नशा है।" मैंने कहा, "उसके लिए किसी और नशे की क्या आवश्यकता है।"

"फिर तो तुम किसी भी समय, बैठकर लिख सकते हो?"

"नहीं! ऐसा तो नहीं है। लिखने से पहले मन को उस विषय से इतना लबालब भरा हुआ होना चाहिए कि वह अपने आप उमड़ता चला आए। यदि ऐसा न हो, तो कितना भी प्रयत्न करूँ, लिख नहीं सकता। और यदि कागज़ पर कुछ उतार भी दूँ, तो वह इस योग्य नहीं होता कि उसे अपना रचा हुआ माना जाए।

"यही तो पूछ रहा हूँ कि ऐसा कौन-सा पदार्थ है, जिसका सेवन करने से मन उस विषय से लबालब भर जाता है, और आतुरतापूर्वक उमड़ता चला आता है।"

मैंने पुनः सोचा, "ऐसा तो कोई पदार्थ नहीं, जिसका सेवन करने से मन विषय से आपूर्त हो उठे। सेवन से पेट तो भर सकता है—मन नहीं भरता।"

"तो लिखने की तैयारी के रूप में तुम क्या करते हो?"

"करना क्या है, जो बात मन में चुभी है, उसका मनन करता हूँ।"

"तो किसी बात का मन में चुभना आवश्यक है?" मित्र ने पूछा।

"आवश्यक नहीं, अनिवार्य है। यदि कोई चुभन ही नहीं है तो लिखने की बाध्यता कहाँ है। लिखना तो तभी होता है, जब कोई बात मन पर इतनी हावी हो जाए कि वह चैन से साँस भी न लेने दे। गर्भाधान न हुआ हो, तो प्रसव नहीं होता, और गर्भाधान हो जाए तो प्रसव को न रोका जा सकता है, न टाला जा सकता है।"

"मनन करने से क्या लेखन-सामग्री तैयार हो जाती है?"

"हाँ! मनन करने से चरित्र मूर्त होते हैं, घटनाएँ सजीव होती हैं तथा विचार स्पष्ट होते हैं। मनन करना तो एक प्रकार की गुणन-प्रक्रिया है, जिससे नई-नई उद्‌भावनाएँ होती हैं, अस्पष्ट बातें स्पष्ट होती हैं और अपनी सूझ बहुत दूर तक की यात्रा करने लगती है।"

"मन से विषय लबालब भर जाए, तो बैठ कर लिख लेते हो?"

"हाँ, तन और मन थका न हो तो लिख लेता हूँ।"

"थका न हो का क्या अर्थ? थोड़ा-सा आराम करके किसी भी समय लिख सकते हो?"

मैंने सोचा, यदि मैं रात को आठ से दस बजे तक–दो घंटे आराम कर लूँ, तो क्या मैं दस बजे से लिख सकूँगा? "नहीं मैं रात को नहीं लिख सकता। लेखन के लिए मुझे तो सवेरा ही चाहिए। सुबह जब उठता हूँ, तो पिछले सारे दिन–सुबह उठने से रात के सोने तक–में जो कुछ सोचा-समझा था, वह प्रायः कलम पर आने के लिए काफ़ी तत्पर दिखाई देता है। उस समय लिखने बैठ जाऊँ तो सहज प्रवाह बनता है।"

"तो तुम रात को नहीं लिखते?'

"नहीं!"

"तो यह जो कहा जाता है कि लेखक लोग रात-रात भर, बैठ कर लिखते हैं–वह गलत है क्या?"

"गलत नहीं है ..."

लेख यहीं तक लिखा गया था ...मैंने पैन निकाला और कागज़ पर उसकी निब टिका दी। यह संकेत था कि मैं पढ़ चुका। वे बोले, "किंतु मैं रात को नहीं लिख सकता। कभी नहीं लिखा।"

"क्यों रात को तो इतनी शांति होती है। ध्यान एकाग्र करने में सुविधा होती है। सारी रात कोई घंटी नहीं बजती, कोई टेलिफोन नहीं आता, मिलने के लिए कोई मित्र या अपरिचित आकर नहीं बैठ जाता। रात को ही क्यों नहीं लिखते?"

मित्र ठीक ही कह रहा था। दिन में तो चारों ओर जीवन की गतिविधि चलती रहती है। चैन से लिखने को एक घंटा भी मिल जाए तो बहुत होता है, तो फिर मैं रात को ही क्यों नहीं लिखता?

बचपन से सुबह लिखने की आदत है। कुछ लोग सुबह उठ नहीं सकते और कुछ पौ फटने के बाद सो नहीं सकते। मैं सुबह ही उठ जाता हूँ। दिन भर मस्तिष्क चलता ही रहता है। कोई काम हो तो, कोई काम न हो तो। बैठे-बाठे सोचता ही रहता है। तो ऐसे में रात तक तो वह बेचारा वैसे ही इतना थक जाता है कि सृजन के योग्य नहीं रहता...दोष केवल मस्तिष्क का ही नहीं है। कुछ योगदान मेरी आँखों का भी है। मिडिल स्कूल में ही पढ़ता था तो आँखों के डॉक्टर ने कहा कि अंधकार हो जाने के पश्चात् समाचार पत्र के बड़े-बड़े अक्षर भी मत पढ़ना। मैंने उनकी बात संकल्पपूर्वक मानी हो या न मानी हो, किंतु मेरी आँखें उसकी इच्छा के अनुसार ही काम करती रहीं। अँधेरा होते ही छोटे बच्चे की आँखों के समान झँप जाती हैं। इतने वर्षों के लंबे अभ्यास और जीवन की अपेक्षाओं और आवश्यकताओं के कारण रात को जल्दी सो नहीं पाता, किंतु आँखें पढ़ने-लिखने का काम नहीं करतीं। नींद न आ रही हो तो भी पढ़ने का प्रयत्न नहीं करता। यदि पढ़ने का प्रयत्न करूँ तो पढ़ाई कम थकान ज्यादा होती है। आँखें कष्ट तो पाती हैं, किंतु पढ़ नहीं पातीं। अधिक प्रयत्न करने पर नींद पूरी तरह से उड़ जाती है और उस यातना का आंरभ होता है, जिसमें आदमी थकता तो चला जाए, किंतु सो न पाए। अगला सारा दिन बर्बाद हो जाता है। प्रातः भी न मन तरोताज़ा होता है, न शरीर स्फूर्तिपूर्ण और न आँखें सहज, सशक्त। इसलिए रात को लिखने को प्रयत्न नहीं करता। लिखने के लिए भोर को ही पुकारता हूँ।''

''तो सुबह उठते ही लिखने के लिए बैठ जाते हो?'' मित्र ने पूछा।

''नहीं।'' मैं बोला, ''ऐसा भी नहीं है। सुबह तीन-चार बजे से उठ कर बिस्तर में ही बैठ कर लिखने का अभ्यास मेरा नहीं है। मैं तो नहा-धोकर कुछ खा-पीकर ही अपनी कुर्सी पर बैठता हूँ। ऑफिस में काम करने वालों के समान।''

''लोग तुम्हें डिस्टर्ब नहीं करते?'' उसने पूछा।

''प्रयत्न करता हूँ कि ऐसा न हो। संभव हो तो मिलने वालों से कह देता हूँ कि मुझे लिखना है इसलिए शाम को ही आइए।''

''लोग रुष्ट नहीं होते?''

''जो मेरी मजबूरी समझते हैं, वे नहीं होते। जो नाराज़ होते हैं, वे लौट कर बताने नहीं आते कि वे नाराज़ हैं। और यदि किसी व्यक्ति की नाराज़गी या अपने लेखन की नाराज़गी में से किसी एक को चुनना ही पड़े तो मैं लेखन की नाराज़गी

को कभी नहीं चुनता।"

"पर आस-पास विघ्न-बाधाएँ तो होती हैं। अपने घर के लोग भी पुकार बैठते हैं। टैलिफोन भी आते हैं। अपनी सीट से उठना भी पड़ता है। उन सब से मूड नहीं उखड़ जाता?"

"कुछ तो अभ्यास से मूड को जमाए रखने की क्षमता पैदा कर ली है और कुछ यह कि मूड शायद छोटी रचनाओं के लिए आवश्यक है। जिनको एक या दो बैठकों में ही पूरा होना है। यदि उपन्यास लिखा जा रहा हो, जिसे दो-चार-पाँच वर्षों में पूरा होना है तो मूड पर कब तक निर्भर रहा जा सकता है? यह तो संभव ही नहीं है कि उतने समय तक लेखक अपने आसन से ही न उठे, या किसी से मिले नहीं या कोई काम न करे। वर्षों चलने वाला लेखन, मूड का लेखन नहीं हो सकता। उसे तो जीवन के साथ और जीवन के समान सहज होना होगा। हाँ, उसका नियमित और अनुशासित होना एक शर्त हो सकती है। यदि वह जीवन के साथ-साथ नहीं चलेगा तो या तो जीवन रुक जाएगा या लेखन; और नियमित नहीं रहा तो वह कभी पूरा नहीं हो पाएगा। इसीलिए स्वयं को साधना भी पड़ेगा। मूड को सृजन का अनुगामी होना पड़ेगा। सृजन मूड के पीछे चल कर आत्महत्या क्यों करे!

• • •

9

मेरा मित्र-वर्ग अत्यंत सीमित रहा है। जितने अधिक मित्र होंगे, वे उतना ही अधिक मुझे घेरे रहेंगे। मित्रों से घिरा रहूँगा तो लेखन का अभ्यास नहीं हो पाएगा और लेखक बनने की कामना स्वप्न बनकर रह जाएगी। मेरे वर्तमान मित्र भी वे ही हैं जो मेरी सुविधा के अनुसार मुझसे मिलते हैं। यदि वे कभी असमय आ भी जाते हैं तो भी उनका मिलना सुखद ही रहता है, क्योंकि वे अनावश्यक चर्चा करने नहीं आते।...

मेरा एक मित्र हेमंत पुरी कुछ दिन हुए गंगोत्री से लौटा था। वह मुझे अपने घर आने के लिए आमंत्रित कर गया था। वह गंगोत्री से खींच कर लाई गई 'स्लाइड्स' मुझे दिखाना चाहता था।

रात नौ बजे उसके घर पहुँचा। वह घर पर नहीं था। उसके पिताजी ने बताया कि उसका फ़ोन आया था कि वह देर से आएगा।

हेमंत पुरी के पिताजी श्री कृष्णगोपाल पुरी स्वतंत्र विचारधारा के एक हँसमुख व्यक्ति हैं। मेरी उनसे भी खूब पटती है। हेमंत के ही समान मैं भी उन्हें 'डैडी' ही कहता हूँ।

मैं उनसे बातचीत करने बैठ गया। उन्होंने मुझ से कहा कि मैं चाय बना लूँ। मैंने चाय बनाई।...तभी घंटी बजी। मैंने दरवाज़ा खोला। एक लड़की ने मुझे नमस्कार किया, "हेमंत है?"

"नहीं, वह तो नहीं है।" मैं बोला, "आइए, आप अंदर आइए।"

वह भीतर आ गई। उसने डैडी को नमस्कार किया।

"तुम बिन्दु हो न?" डैडी ने पूछा और बिन्दु की स्वीकृति मिलने पर बोले, "हेमंत ने बताया था कि तुम आने वाली हो। वह तो देर से आएगा। तुम अपना काम बताओ।"

इससे पहले कि बिन्दु कुछ बोलती, डैडी मुझसे बोले, "आप इन्हें जानते हैं?"

"नहीं।" मैं बोला।

वे अपनी नाटकीय शैली पर उतर आए और बोले, "आप हैं बिन्दु पोपली। एक चित्रकार और हेमंत की सहपाठी। इनकी चित्रों की प्रदर्शनी श्री धरानी आर्ट गैलरी, में लगने वाली है। इनकी इच्छा है कि ये उस प्रदर्शनी के 'फोल्डर' यानी निमंत्रण-पत्र या अपना परिचय-पत्र मुझसे छपवाएँ। इन्हें मेरा 'प्रेस वर्क' आकर्षक लगा है।" वे मुस्कराते हुए बिन्दु से बोले, "हाँ जी, निकालिए अपना माया जाल क्या छपवाना है। 'मैटर' दिखाइए।"

"हेमंत कहता था कि मेरे डैडी सबसे बहुत फ्रैंक हैं। आज देख भी लिया।" बिन्दु ने संबंधित सामग्री लिफ़ाफ़े से निकालते हुए कहा।

सहसा डैडी को कुछ याद आया और मेरी ओर संकेत करते हुए बिन्दु से बोले, "आप हैं महेशदत्त शर्मा। एक स्कूल में बच्चों को पढ़ाते हैं। थोड़ा-बहुत लिख भी लेते हैं और साहित्यकार डॉ० नरेन्द्र कोहली के शिष्य हैं।" उनके स्वर में नाटकीयता अभी भी वर्तमान थी।

नौ बज कर चालीस मिनट पर बिन्दु ने चलने की अनुमति माँगी। उसने कहा कि आते समय उसे घर खोजने में असुविधा हुई थी। रोहिणी में वह पहली बार आई है। वापसी के लिए उसका मार्गदर्शन किया जाए कि उसे बस इत्यादि कहाँ से मिलेगी।

रात हो चुकी थी और बस-स्टैंड घर से एक किलोमीटर से अधिक था। डैडी ने मुझ से कहा कि मैं बिन्दु को स्टैंड तक छोड़ आऊँ।

मैंने अपनी साइकिल उठाई और बिन्दु से बोला, "यदि आपको असुविधा न हो तो आप साइकिल पर बैठ जाइए।"

उसने बताया कि उसे साइकिल पर बैठने का तनिक भी अभ्यास नहीं है और वह पैदल चलना पसंद करेगी।

मार्ग में उसने मेरी रचना-प्रक्रिया और मैंने उसकी रचना-प्रक्रिया की जानकारी चाही, और अंततः दोनों की चर्चा प्रकृति और ईश्वर पर केन्द्रित हो गई। वह मेरे सम्मुख अनेक आध्यात्मिक प्रश्न रखती गई और मैं उनके उत्तर देता गया। स्टैंड से बसें गुजरती जा रही थीं और हमारा मन बातचीत में रमा हुआ था। उसने अपनी अनेक समस्याएँ मेरे सम्मुख रखीं और उनके सांसारिक नहीं आध्यात्मिक उत्तर

चाहे।

"आपसे मिल कर मुझे कुछ होने लगा है।" उसके होंठ जैसे अनायास ही खुल गए, "आपसे मिलकर मैं तृप्ति का अनुभव कर रही हूँ जैसे मैं ईश्वर के किसी दूत से मिल रही हूँ।"

"और जब मेरे गुरु से मिलोगी तो क्या हाल होगा?" मैं मुस्कराया।

"कौन हैं आपके गुरु?" उसके स्वर में जिज्ञासा थी।

"अभी डैडी ने बताया तो था, साहित्यकार डॉ० नरेन्द्र कोहली।" मेरे स्वर में ओज का गुण समाया हुआ था।

"मुझे उनके विषय में कुछ बताइए।" उसने आग्रह किया।

मैं डॉ० कोहली और उनके साहित्य से उसका परिचय करवाता रहा और वह मंत्र-मुग्ध-सी सुनती रही।

मैंने पाया कि बिन्दु की प्रकृति कोमल और आध्यात्मिक है तभी उसने डॉ० कोहली को सुविधा से आत्मलीन कर लिया।

"आप फिर कब मिलेंगे?" बिन्दु ने पूछा।

"जब ईश्वर चाहेगा।" मैंने उत्तर दिया।

उपयुक्त बस आई और मैंने बिन्दु को विदा किया।

मेरे मन में वह अपना बहुत गहरा प्रभाव छोड़ गई थी।

• • •

अगले सप्ताह हेमंत पुरी मुझसे मिलने आया।

"अरे भई महेश!" उसने आते ही मेरे कंधे पर हाथ मारा, "तुमने बिन्दु प' क्या जादू कर दिया।"

"मैं कोई जादूगर नहीं हूँ।" मैं हक्का-बक्का रह गया था।

"यार, उसके कई फ़ोन आ चुके हैं कि महेश से कहो, मुझसे मिले।" हेमंत पुरी प्रसन्न स्वर में बोला, "अच्छी लड़की है। उसे अपनी सखी बना लो।"

"मैंने कब कहा कि वह अच्छी नहीं है।" मैं मुस्कराया।

"तुम्हें कैसी लगी वह?" हेमंत के चेहरे पर शरारत खेल रही थी।

"प्रभावित तो मैं भी उससे बहुत हुआ हूँ। मैंने स्वीकार किया, "वह सरल

हृदय और विदुषी है। कलाकार है और सबसे बड़ी बात, आध्यात्मिक प्रवृत्ति की लड़की है।''

''तो ठीक है कल मैं उसे अपने घर चाय पर बुला लेता हूँ। वहाँ तुम दोनों मित्रता के लिए हाथ मिला लेना।'' वह बहुत प्रसन्न था।

लड़कियों से मेरी मैत्री कभी नहीं रही। इस विषय में मैं पर्याप्त सावधान रहा। मुझे सदा यही लगा रहा कि विद्यार्थी काल में यह मैत्री कहीं मुझे भ्रमित न कर दे। कुछ अवसर ऐसे आए भी, किंतु अपने शिक्षकों के मार्गदर्शन से मैं उनसे निकल आया। मेरी आशंका, इस अरुचि का प्रमुख कारण रही।

अगले दिन मेरी और बिन्दु की भेंट हुई और उस भेंट में बिंदु ने मुझसे कहा कि मैं उसके स्वप्न-पुरुष जैसा हूँ। क्या हमारा संबंध मैत्री तक ही रहेगा? क्या मैं उसके आगे नहीं सोच सकता? क्या मेरी रुचि उससे विवाह करने में नहीं है?

दूसरी ही भेंट में विवाह की बात, उसके और मेरे परिवारजनों को अस्वाभाविक और अव्यावहारिक लगी। अनेक परिचितों और संबंधियों ने इसे बिन्दु की चरित्रहीनता माना। किंतु मेरे लिए यह बिन्दु की शुद्धता थी, पवित्रता थी, क्योंकि उसका सारा व्यवहार मनसा-वाचा-कर्मणा एक ही था।...मैं लोगों की संकीर्ण विचार धारा पर दुखी था। यदि मनोनुकूल स्त्री पाकर पुरुष उसके सम्मुख विवाह का प्रस्ताव रखता है तो वह उचित है, और स्त्री मनोनुकूल पुरुष से विवाह का प्रस्ताव करती है तो वह उसकी चरित्रहीनता है?

बिन्दु ने जब अपने घर में यह समाचार सुनाया कि उसने अपने जीवन साथी का चयन कर लिया है तो उसके माता-पिता ने अपनी अप्रसन्नता जताई। लड़की के माता-पिता होने के कारण उनका चिंतित होना स्वाभाविक ही था क्योंकि यह निर्णय असाधारण त्वरित गति से हुआ था जो कि सामान्यतः अनपेक्षित था... साथ-ही-साथ बिन्दु के अभिभावकों को इस बात का भी खेद था कि उनकी पुत्री ने एक असम्पन्न अध्यापक का चुनाव किया है। चुनाव करते समय उसकी दृष्टि आर्थिक पक्ष पर क्यों नहीं गई।

मैं और बिन्दु मिलते रहे और उसके प्रति मेरा लगाव बढ़ता गया। इस आकर्षण और प्रेम का कारण उसकी सादगी और सात्विकता थी।

मैंने पढ़ा कि अध्यापक और चिकित्सक से कोई बात नहीं छिपानी चाहिए। मैंने आज तक अपने अध्यापकों से अपनी कोई बात नहीं छिपाई थी, किंतु

डॉ० कोहली से यह बात मैंने एक महीने तक छिपाए रखी। मुझे अत्यंत संकोच था कि अपने जिस गुरु से मैं आध्यात्मिक चर्चा करता आया हूँ, उनसे यह संसारी चर्चा कैसे आरंभ करूँ। ...आखिर एक दिन मुझे मार्ग सूझा और मैं बिन्दु के चित्रों की एलबम लेकर डॉ० कोहली के पास पहुँचा और बोला, "सर, ये फ़ोटोग्राफ़्स बिन्दु पोपली नामक चित्रकार के द्वारा बनाई गई पेंटिंग्स के हैं। मैं इससे विवाह करना चाहता हूँ और मेरी इच्छा है कि वह एक बार आपसे मिल ले, जिससे मुझे संतोष रहे कि मैंने जिसे पसंद किया है, वह ठीक है और यदि उसमें कुछ अज्ञान होगा तो आपके आशीर्वाद से वह दूर हो जाएगा।" अपनी घबराहट मैं जितनी जल्दी उगल सकता था, मैंने उगल दिया।

वे चुपचाप सुनते रहे।

"सर, क्या विवाह करके भी ईश्वर की ओर अग्रसर हुआ जा सकता है? कहा गया है कि उसकी राह में जाने के लिए कांचन-कामिनी का त्याग अनिवार्य है।"

" 'तोड़ो, कारा तोड़ो' में एक प्रसंग है कि रामकृष्ण परमहंस के एक शिष्य योगीन ने विवाह कर लिया था।" डॉ० कोहली ने अपनी दृष्टि मुझ पर टिका दी, "और वह उनके सम्मुख जाने से कतरा रहा था। परमहंस ने उसे किसी व्याज से अपने पास बुलाया और कहा, 'विवाह किया तो क्या हुआ? मैंने भी तो विवाह किया है। विवाह किया है तो इसमें डरने की क्या बात है?' उन्होंने अपने वक्ष पर हाथ रखा, 'यहाँ की कृपा रहे तो एक क्यों लाख विवाह करने पर भी तेरा कुछ नहीं बिगड़ेगा।' "

मैं बोला, "सर! उसके आगे उन्होंने एक बात और कही थी कि, 'यदि तेरी इच्छा संसार में रहने की हो, तो एक दिन अपनी पत्नी को यहाँ ले आना। उसको ऐसा कर दूँगा कि वह तेरे धर्मपथ में सहायक ही होगी—बाधा कभी नहीं होगी।...और यदि संसार करने की इच्छा न हो, तो बताना, तेरी माया-ममता सब खा डालूँगा।" मैं प्रार्थना पूर्वक उनसे बोला, "मेरी इच्छा है कि आप उससे एक बार मिल लें और उसे मेरे धर्मपथ की सहायक होने का आशीर्वाद दें।"

"ठीक है इस रविवार शाम को उसे मेरे घर बुला लो।" डॉ० कोहली के स्वर में स्नेह था, "और तुम्हें इस विषय में परेशान होने की आवश्यकता नहीं है कि प्रेम करके तुमने कोई अपराध किया है। स्वयं को संतुलित रखना।"

मेरा मन अभी प्रसन्नता से पूरा झूमा भी न था कि बुद्धि ने जैसे आगे बढ़

कर उसे जकड़ लिया, "बिन्दु से मिलने और उससे बातचीत करने पर यदि वे आश्वस्त नहीं हुए और उनकी प्रतिक्रिया ऋणात्मक रही तो?"

मेरा मन भयभीत हो उठा।...मैं तो मन से बिन्दु को अपनी अर्द्धांगिनी मान चुका था। अपने हृदय में उसे प्रतिष्ठित कर चुका था।...अब?...

"अपनी आशंका को त्याग दे।"विवेक ने बुद्धि का मार्ग रोका, "जिन तत्वों और गुणों को आधार मान कर तूने बिन्दु का चुनाव किया है उन सभी गुणों का तो वे सम्मान करते हैं। फिर इस आशंका से आतंकित होने का क्या अर्थ? मन! तू शांत हो। यह गुरु का आदेश भी है, "प्रेम करके तुमने कोई अपराध नहीं किया है। स्वयं को संतुलित रखना।"

• • •

रविवार शाम को मैं और बिन्दु डॉ० कोहली के घर पहुँचे। डॉ० कोहली और उनकी पत्नी ने स्नेहपूर्वक हमारा स्वागत किया। श्रीमती कोहली ने जलपान के लिए अनेक व्यंजन बना रखे थे।

श्रीमती कोहली ने बिन्दु से उसका संक्षिप्त पारिवारिक परिचय पूछा और फिर बातचीत गति पकड़ गई।

"पेंटिंग के क्षेत्र में बहुत कम लोग सफल हो पाते हैं। इसका क्या कारण है?" श्रीमती कोहली ने पूछा।

"कारण अनेक हैं।" बिन्दु ने उत्तर दिया, "कुछ चित्रकार अपनी एक प्रदर्शनी लग जाने के बाद इधर-उधर पार्टियों और समारोहों में घूमने लग जाते हैं।'

"तुम नहीं जातीं पार्टियों में?" डॉ० कोहली ने पूछा।

"नहीं।" बिन्दु बोली, "यदि पार्टियों में उलझी रहूँगी तो काम कब करूँगी। कला तो अभ्यास माँगती है। फिर चित्रकला में तो एक बार में आठ-दस घंटे की सिटिंग।"

"यह बात तो ठीक है।" डॉ० कोहली ने बिन्दु का समर्थन किया, "लेखन में हमें यह भय नहीं रहता कि स्याही सूख जाएगी या जिस रचना को हम लिख रहे हैं उसकी स्याही के रंग में भिन्नता आ गई तो सौंदर्य नष्ट हो जाएगा। यह संकट चित्रकला में अधिक है। रंग का यदि लंबी बैठक में उपयोग नहीं किया गया तो सूख जाएगा और संबंधित चित्र अपने रंग-वैचित्र्य के कारण सौंदर्यविहीन

हो जाएगा।''

''सर, लेखन सुविधाजनक होने के साथ-साथ सस्ता भी है।'' बिन्दु ने कहा, ''रंग, ब्रश, कैनवास और फिर पेंटिंग्स की फ्रेमिंग, फिर उनकी सुरक्षा की चिंता—यह सारी प्रक्रिया इतनी खर्चीली होती है कि केवल सम्पन्न व्यक्ति ही चित्रकला में आगे तक निकल पाता है।'' वह श्रीमती कोहली की ओर मुड़ी, ''चित्रकला में अनेक व्यक्तियों का आगे न आ पाने का एक बड़ा कारण यह भी है। जो चित्रकार निर्धन है, वह जीविका की खोज में ही अपनी प्रतिभा गँवा देता है। जब सामने पेट की भूख होती है तो कलाकार प्रायः टूट जाता है और ईश्वर प्रदत्त प्रतिभा का तर्पण कर देता है।'' डॉ० कोहली के प्रश्न के उत्तर में से जैसे बिन्दु को श्रीमती कोहली की जिज्ञासा का समाधान भी मिल गया था, ''और बहुत कुछ योगदान राजनैतिक भी है। आप किस पार्टी के साथ जुड़े हैं, किस संस्था में किस गुट से संबंधित हैं और वह पार्टी या गुट, सत्ता में अपना कितना प्रभाव रखता है—यह सब भी चित्रकार की सफलता और असफलता के साथ जुड़ा है।''

''बात ठीक है किंतु,'' डॉ० कोहली के स्वर में विरोध की ध्वनि झलकी, ''साधना या तपस्या किसी पार्टी की मोहताज नहीं होती। राजनैतिक प्रभाव से चमकने वाले प्रतिभाहीन लोगों की कांति अस्थाई होती है, जब कि सात्त्विक-साधना व्यक्ति को अमर कर देती है। अपने काल में तुलसीदास ने विरोधी परिस्थितियों में 'रामचरितमानस' और अनेक महत्त्वपूर्ण कृतियों की रचना की। सम्पन्न न होने पर भी उन्होंने उनकी प्रतिलिपियाँ तैयार करवाईं। उनका स्वयं गा-गाकर प्रचार किया। उस समय उनका पर्याप्त विरोध भी हुआ। उन्हें किसी प्रकार का कोई राजाश्रय प्राप्त नहीं था। अकबर के दरबार में गंग को महत्त्व भी बहुत मिला और धन भी, किंतु आज किसी से पूछो कि गंग कौन था? गंग को कितने लोग पढ़ते हैं? तुलसीदास के विषय में पूछो तो भारतवासी ही नहीं, विश्वसाहित्य में रुचि रखनेवाला कोई भी व्यक्ति तुलसीदास पर प्रकाश डाल देगा।...तपस्या के फलीभूत होने का अपना एक समय होता है, और यह अवधि मानव जीवन से कहीं अधिक लंबी है।''

''विवाह के विषय में तुम दोनों का क्या विचार है। माने, कब करोगे?'' श्रीमती कोहली ने बातचीत की दिशा मोड़ी।

''मम्मी-डैडी चाहते हैं कि हम दोनों में से कम-से-कम एक की तो नियमित आय हो। वे अभी कुछ समय चाहते हैं।'' बिन्दु के स्वर में उदासी का पुट था।

"उन्हें यह संबंध स्वीकार तो है?" श्रीमती कोहली ने शायद बिन्दु की उदासी को भाँप लिया था।

"हाँ!" बिन्दु अन्यमनस्क-सी बोली, "उनकी स्वीकृति में प्रसन्नता नहीं है।" वह जैसे अतीत में खो गई, "मैं सदा विवाह की विरोधी रही हूँ। जब तक विरोधी रही, तब तक सभी मुझे विवाह के लिए प्रोत्साहित करते रहे। यह भी कहते रहे कि तू जिसे पसंद करेगी, हम उसे चाहेंगे। मुझे लगता है जब तक लड़की किसी लड़के को चुनती नहीं है, तब तक माँ-बाप यही कहते रहते हैं इसकी खुशी में ही उनकी खुशी है। जिस दिन वह किसी ऐसे लड़के का चुनाव कर लेती है, जो उसकी कसौटी पर तो खरा उतरता है, किंतु उसके माता-पिता की अपेक्षाओं को पूरा नहीं करता, तो वे सचमुच के माँ-बाप बन जाते हैं।"

"वे कन्या के माता-पिता हैं।" डॉ० कोहली ने बिन्दु की बात को रोका, "इसलिए उनका 'सचमुच के माँ-बाप बन जाना' न तो कुछ अनुचित है, न अस्वाभाविक और न ही अव्यावहारिक।..."

"जब से मैंने महेश को चुना है तब से वे दुःखी रहने लगे हैं। महेश को यदि उन्होंने चुना होता, तो वे प्रसन्न रहते, क्योंकि वे जिसे चुन कर लाए उसे उनकी आज्ञाकारिणी बेटी ने शिरोधार्य किया। चाहे 'वह महेश' मुझे पसंद न होता। ...विवाह के प्रस्ताव से पहले मैंने महेश से पूछा था कि विवाह के बाद वह मुझे पेंटिंग छोड़ने के लिए तो नहीं कहेगा। इस पर महेश ने मुझ से पूछा था कि मैं विवाह के पश्चात् उसका लिखना तो नहीं छुड़वा दूँगी।" सहसा बिन्दु हँस पड़ी और श्रीमती कोहली से बोली, "यह भी आपके प्रश्न के उत्तर में मेरा तीसरा कारण है कि चित्रकला में अधिक लोग आगे क्यों नहीं आ पाते। कुछ लड़कियाँ तो विवाह करवाने के लिए चित्रकला को चुनती हैं और कुछ विवाह के बाद अच्छी चित्रकार होने पर भी पति के द्वारा कला को निषिद्ध घोषित कर देने के बाद अपनी प्रतिभा को बच्चे पैदा करने में खपा देती हैं।"

इस सारी बातचीत में मैं लगभग मौन ही रहा। हमने चलने की अनुमति माँगी और बिन्दु ने अपनी होने वाली प्रदर्शनी का निमंत्रण-पत्र डॉ० कोहली को सादर थमाते हुए उनसे अवश्य आने की प्रार्थना की।

डॉ० कोहली ने निमंत्रण-पत्र थाम लिया और बोले, "देखेंगे।"

• • •

'तोड़ो, कारा तोड़ो' पढ़ने के बाद बिन्दु सजल नेत्रों के साथ मुझसे बोली, "जिस प्रकार स्वामी विवेकानंद ने परमहंस जैसा सत्गुरु पाकर ईश्वर को पा लिया, मेरी इच्छा है कि तुम भी अपने सत्गुरु की शरण में रहकर ईश्वर-सुख प्राप्त करो। ...लगता है जैसे डॉ० कोहली 'विटनेस' हैं, परमहंस के काल के। 'तोड़ो, कारा तोड़ो' उपन्यास तो जैसे स्वामी विवेकानंद पर बनी सच्ची और सजीव वीडियो फ़िल्म है, जिसकी 'रिकॉर्डिंग' डॉ० कोहली ने उसी काल में की है।...महेश तुम डॉ० कोहली को 'फोर्स' करना कि वे मेरी प्रदर्शनी देखने और मुझे आशीर्वाद देने अवश्य आएँ।"

"मैं उन्हें 'फ़ोर्स' नहीं करूँगा।" मैं गंभीरता से बोला।

"क्यों?" बिन्दु तत्काल उदास हो गई।

मैं मुस्कराया, "मैं उनसे प्रार्थना कर सकता हूँ।"

"ओह!" बिन्दु अपनी भूल पर मुस्करा दी और आनंदित स्वर में बोली, "गुरु से प्रार्थना ही की जा सकती है। उसे 'फोर्स' नहीं किया जा सकता। जब से मैंने 'तोड़ो, कारा तोड़ो' पढ़ी है, तब से लग रहा है जैसे यह उपन्यास नहीं, कोई अद्भुत चाबी है, जिसने आत्मा के कपाट पर लगे ताले को खोल कर उसके भीतर बैठे परमात्मा को प्रकट कर दिया हो, और परमात्मा की साक्षात् उपस्थिति से सारा शरीर प्रकाशित और सुवासित हो उठा हो।"

• • •

प्रदर्शनी वाले दिन (23 सितंबर 1993) बिन्दु अत्यंत व्याकुलता के साथ डॉ० कोहली की प्रतीक्षा कर रही थी। उसने मुझे सड़क पर नियुक्त कर रखा था कि डॉ० कोहली आएँ तो उन्हें प्रदर्शनी का स्थान खोजने में तनिक भी असुविधा न हो। एक ओर तो वह उनके स्वागत में पलकें बिछाए बैठी थी, दूसरी ओर यह आशंका भी व्यक्त करती जा रही थी कि डॉ० कोहली नहीं आएँगे, क्योंकि उन्होंने आने के संदर्भ में हल्के से कहा था, "देखेंगे।"

बिन्दु की दूसरी आशंका यह थी कि कहीं ऐसा न हो कि जब डॉ० कोहली आएँ, उस समय उसे समीक्षक या दर्शक घेरे खड़े हों और वह उनका स्वागत न कर पाए। वे उसे अपनी अवमानना या तिरस्कार न मान बैठें। इस संदर्भ में मैंने बिन्दु को आश्वस्त करने का प्रयत्न किया था कि वे सबकी विवशता समझते

हैं।...

डॉ० कोहली आए उनके साथ श्रीमती कोहली भी थीं। बिन्दु ने आनंदित होकर उनका स्वागत किया और बोली, "मुझे शक था कि आप नहीं आएँगे।"

"क्यों?" डॉ० कोहली ने पूछा।

"क्योंकि आपने धीरे से कहा था, 'देखेंगे'।" बिन्दु बोली।

"ठीक तो कहा था।" श्रीमती कोहली ने बिन्दु को अपनी भुजाओं में समेट लिया और स्नेहपूर्वक बोलीं, "प्रदर्शनी तो देखी ही जाती है और देखो, हम देखने

आ पहुँचे।''

प्रदर्शनी में बहुत चहल-पहल थी। समीक्षक, पत्रकार और कला-प्रेमियों का समाज जुटा हुआ था। आगंतुकों के लिए जलपान की भी व्यवस्था थी। डॉ० कोहली चाय नहीं पीते और वहाँ कॉफ़ी उपलब्ध नहीं थी। बिन्दु बेचैन रही कि किसी प्रकार डॉ० कोहली के लिए कॉफ़ी आनी चाहिए। जब तक उनके लिए उसने क़ाफी उपलब्ध नहीं करा ली, तब तक कष्ट पाती रही।...उसके बाद उसने अपनी पेंटिंग्स दिखानी शुरु कीं।

''तुम आगंतुकों का स्वागत् करो। हम प्रदर्शनी स्वयं देख लेंगे। बाद में तुमसे चर्चा करेंगे।'' श्रीमती कोहली बोलीं। ''इस समय तुम्हें सभी के साथ रहना चाहिए।''

बिन्दु से अनेक समीक्षक और कला-प्रेमी मिल रहे थे। बधाई दे रहे थे, प्रशंसा कर रहे थे और दोषों पर भी चर्चाएँ हो रही थीं। सारा वातावरण उल्लासपूर्ण उत्सव का-सा था।

प्रदर्शनी देखने के बाद डॉ० कोहली ने बिन्दु की कुछ पेंटिंग्स पर चर्चा करनी चाही। उन्हें एक पेंटिंग ने बहुत प्रभावित किया। उसका नाम था—सूर्योदय।

'सूर्योदय' में एक नारी-आकृति के भीतर से कमल खिलता हुआ आकार ले रहा था और नारी क्रमशः घुल कर कमल में परिवर्तित होती जा रही थी। उसके चारों ओर सूर्य का असीम प्रकाश था।

''यह क्या है?'' डॉ० कोहली ने पूछा।

''यह नारी, आत्मा है और आत्मा, परमात्मा रूपी सूर्य को देखकर कमल के समान खिल उठी है। यह आत्मा का जागरण है—यह सूर्योदय है।''

''हाँ, यह भौतिक सूर्योदय नहीं है।'' डॉ० कोहली 'सूर्योदय' को देखते हुए बोले, ''इसे हम अंतः कमल का खिलना कह सकते हैं। वैसे सहस्रसार कमल की चर्चा साहित्य में होती है। जब कुंडलिनी जागती है तो अंततः इसी कमल तक पहुँचती है।''

''मुझे यह सब तो मालूम नहीं।'' बिन्दु ससंकोच बोली।

''अभी मैंने कुछ लोगों से सुना कि वे तुम्हारी पेंटिंग्स को अश्लील कह रहे थे, क्योंकि उन सभी में नारी का निर्वस्त्र रूप चित्रित है।'' श्रीमती कोहली ने पूछा, ''तुम्हारा क्या कहना है?''

"वे सब कुछ स्थूल दृष्टि से देखते हैं। उनके लिए जो निर्वस्त्र नारी है, वह मेरे लिए आत्मा है। आत्मा कोई वस्त्र धारण नहीं करती। और जो वस्त्र यानी शरीर धारण करती है उसे मैं शुद्ध प्रकृति के रूप में अभिव्यक्त करती हूँ।...और मेरी आत्मा रूपी नारी के चारों ओर मानव-समाज नहीं है, जो वह वस्त्र धारण करे। वह तो प्रकृति के वनस्पति जगत् में जी रही है। जहाँ वह और प्रकृति एक-रूपा हैं। कहीं कोई भेद नहीं है। जल, थल, वायु, आकाश, अग्नि सब में वह समाई हुई है।"

"हम चित्रों को एक बार फिर से देखेंगे।" डॉ० कोहली की आँखों में प्रशंसा का भाव था। "अब की बार तुम्हारे दृष्टिकोण से।"

वे पुनरावलोकन के लिए आगे बढ़ गए।

"एक बात पूछूँ?" बिन्दु मुझसे बोली।

"पूछो।"

"अनेक लोग मुझसे मिल रहे हैं। अधिकतर हाथ मिला रहे हैं। कुछ तो पीछा ही नहीं छोड़ रहे और मुझे उनसे भी हँस-हँस कर बात करनी पड़ रही है। यह सब प्रत्येक प्रदर्शनी या समारोह में मेरे साथ होना है। तुम्हें यह सब बुरा तो नहीं लग रहा?"

"क्या तुमने अपने स्वप्न-पुरुष में इस अवगुण की भी कल्पना की थी?" मैं दुःखी स्वर में बोला।

"मुझे माफ कर दो।" उसकी आँखों में पश्चाताप था।

• • •

10

अपने लेखन के आरंभिक दिनों में रचनाओं के प्रकाशन की महत्त्वाकांक्षा मुझमें नहीं थी। मैं डॉ० कोहली से उनमें सुधार करवा कर उन्हें रखता चलता था। उन्होंने मुझे परामर्श दिया कि मैं उन रचनाओं को प्रकाशनार्थ विभिन्न समाचार-पत्रों तथा पत्रिकाओं में भेजूँ, क्योंकि रचना के लिख देने तक ही लेखक का दायित्व समाप्त नहीं हो जाता। लेखक को कृषक की तरह होना चाहिए। कृषक, अथक श्रम से धरती पर हल चलाता है, उसमें बीज बोता है, उसकी सिंचाई करता है, पशुओं से फसल की रक्षा करता है और फसल पक जाने पर उसे काट लेता है। वह अनाज को घर में ही दबा कर नहीं रखता वरन् वह उसे मंडियों तक पहुँचाता है। ...वहीं अनाज समाज की उदरपूर्ति करता है। लेखक को भी अपनी कृति को दबा कर नहीं बैठना चाहिए। उसके प्रकाशन के लिए प्रयत्नशील रहना चाहिए।

उनके मार्गदर्शन ने मेरी रचनाओं को प्रकाशित किया। छोटी रचनाओं से धीरे-धीरे मेरा लेखन बड़ी रचनाओं की ओर मुड़ा, और मन में यह महत्त्वाकांक्षा जागी कि अब मेरी रचनाएँ पुस्तकाकार प्रकाशित हों। उसके लिए आवश्यकता थी, प्रकाशक की। मैंने अनेक प्रकाशकों को वर्ष भर पत्र लिखे। सभी का एक ही मशीनी उत्तर आया कि उनके पास पहले से ही पांडुलिपियों के ढेर लगे हैं। वे एक और नई पांडुलिपि को प्रकाशित करने का दायित्व लेने में असमर्थ हैं। प्रकाशकों से व्यक्तिगत् रूप से भी मिला, किंतु किसी ने भी मेरी पांडुलिपियों में तनिक भी रुचि नहीं दिखाई।

मैं डॉ० कोहली के लिए कुछ पुस्तकें लाने एक प्रकाशन संस्थान में गया था। प्रबंधक महोदय को डॉ० कोहली का पत्र थमाया। पत्र पढ़कर उन्होंने संबंधित पुस्तकों का पैकेट तैयार करने का आदेश दे दिया।

"आप चाय लेंगे?" उन्होंने विनम्रतापूर्वक पूछा।

"जी ले लूँगा।" मैं बोला।

उन्होंने 'इंटरकॉम' से चाय का आदेश दिया और अपनी फ़ाइलों में उलझ गए।

"सुनिए!" मैंने बहुत धीरे उन्हें पुकारा।

"कहिए।"

"मैं आपसे कुछ बातें करना चाहता हूँ।" मैंने साहस बटोरा।

उन्होंने फ़ाइल बंद कर, एक ओर रख दी, "कीजिए।"

"मैं थोड़ा-बहुत लिख देता हूँ। मेरी अनेक रचनाएँ प्रसिद्ध समाचार-पत्रों तथा पत्रिकाओं में समय-समय पर छपती भी रहती हैं।" मैंने अपनी प्रकाशित रचनाओं की फ़ाइल उनकी ओर बढ़ा दी।

"यह तो बहुत अच्छी बात है।" वे बोले और फ़ाइल में लगी रचनाओं को पलटने लगे। बीच-बीच में किसी-किसी रचना को थोड़ा-बहुत पढ़ भी रहे थे, किंतु उनका ध्यान संबंधित पत्र-पत्रिकाओं के नामों पर अधिक था।...एक रचना उन्होंने पूरी पढ़ी और उनका मौन भंग हुआ, "अच्छा लिखते हो।"

मेरा साहस बढ़ा और मैंने 'जनता-फ्लैट' की पांडुलिपि निकाली और उनके सम्मुख रखते हुए बोला, "मैंने यह नाटक लिखा है। यदि आप इसे छाप दें तो आपकी कृपा होगी।"

उन्होंने रचनाओं वाली फ़ाइल एक ओर रख दी और नाटक की पांडुलिपि उठा ली।

"सुंदर हस्तलेख है।" वे शीर्षक देख कर बोले, "आपका है?"

"जी हाँ!" मैं प्रसन्न था।

"अब से पहले भी कहीं इसके प्रकाशन की बात की?" वे शीर्षक को निहारते हुए बोले।

"बहुत जगह।" मेरे स्वर में पीड़ा उभर आई, "किंतु किसी भी प्रकाशक ने रुचि नहीं दिखाई।...रुचि दिखाना तो बहुत दूर है, किसी ने आपकी तरह मेरी रचनाओं या पांडुलिपियों को छूने का भी कष्ट नहीं उठाया।"

उन्होंने शीर्षक वाला पृष्ठ पलटा। और समर्पण वाले पृष्ठ पर आए। पुस्तक डॉ० कोहली को समर्पित थी। उन्होंने अब नाटक का कोई पृष्ठ नहीं पलटा और

उसे एक ओर रख दिया।

"चाय लीजिए।" उन्होंने चाय लाने वाले व्यक्ति को मेरी ओर चाय रखने का संकेत किया।

मैंने प्याला उठा लिया।

"आपने किसी प्रकाशक को बताया कि आप कोहली जी के शिष्य हैं।" उन्होंने अपलक मुझे देखा।

"नहीं।" मैं धीरे से बोला।

"क्यों?" उन्होंने कसे हुए स्वर में पूछा।

"कभी ऐसा अवसर ही नहीं आया।" मैं सहज भाव से बोला।

"अरे महेश जी!" वे सहानुभूतिपूर्वक मुस्कराए, "क्यों मारे-मारे फिर रहे हैं। आप जिस प्रकाशक से कहेंगे कि आप कोहली जी के शिष्य हैं, वह निःसंकोच आपको छाप देगा।"

सहसा मेरे होंठों पर शिकारी वाली मुस्कान खेल उठी, "आप तो जान चुके हैं कि मैं उन का शिष्य हूँ। आप क्यों नहीं छाप देते?"

मुझसे भी कहीं रहस्यमयी मुस्कान उनके होठों पर फैल गई। वे शांत और मधुर स्वर में बोले, "बस एक बार कोहली साहब से कहलवा दीजिए। मैं आपका नाटक छाप दूँगा।"

मेरी प्रसन्नता की सीमा नहीं रही। मैं कल्पना में खो गया। डॉ० कोहली, उन्हें कहेंगे और मेरा नाटक सुविधा से शीघ्रातिशीघ्र छप जाएगा।...किंतु तभी मुझे संकोच ने आ घेरा : मैं कैसे डॉ० कोहली से यह कहूँगा कि वे पुस्तक के प्रकाशन के लिए मेरी सिफ़ारिश करें।

पुस्तकें लेकर मैं डॉ० कोहली के पास पहुँचा। मैंने मध्यम-मार्ग चुना और उन्हें अपने तथा प्रबंधक महोदय के मध्य हुई सारी बातचीत सुना दी।

सुनकर वे मुस्कराए। कदाचित् वे मेरा अभिप्राय ग्रहण कर चुके थे। बोले, "यह ठीक है कि यदि मैं उस से कहूँगा कि वह तुम्हारा नाटक छाप दे, तो वह अवश्य छाप देगा, किंतु उसके बदले में मुझसे मेरे नए उपन्यास की माँग अवश्य करेगा।...चूँकि इस समय मेरे पास कोई नया उपन्यास नहीं है और जो लिख रहा हूँ, वे पहले से ही अनुबंधित हैं, इस स्थिति में, मैं उस को क्या दे सकता हूँ?"

वे बोलने के साथ-साथ मेरे चेहरे पर आए निराशा के भाव को भी पढ़ते जा रहे थे, "तुम कल 'वाणी प्रकाशन' चले जाओ और अरुण महेश्वरी से मिल लो। कहना मैंने भेजा है।"

मैं 'वाणी प्रकाशन' पहुँचा।

"आइए पंडित जी!" अरुण जी ने मेरा स्वागत किया।

"पंडित जी, कोहली साहब से कहिएगा कि कभी हमसे फ़ोन पर बात ही कर लिया करें।" वे पर्याप्त प्रसन्न दिखाई दे रहे थे।

"आपके पास तो उनका फ़ोन नम्बर है?" मैं उनके आग्रह का कारण समझ नहीं पाया।

"पंडित जी! हम फ़ोन करेंगे तो हमारा घाटा होगा।" वे बोले।

"आपको बिल अधिक आने का भय है?" मैंने पूछा।

"अरे नहीं," वे हँसे, "बिल की बात नहीं है।"

"फिर क्या बात है?" मेरी जिज्ञासा बढ़ी।

"अगर हम उन्हें फ़ोन करेंगे तो उनके लेखन में विघ्न होगा। लेखन में विघ्न होगा तो हमें उपन्यास की पांडुलिपि भी देर से मिलेगी।...क्यों?" अरुण जी ठठाकर हँस दिए और अपने पास खड़े कर्मचारी से बोले, "चाय लाओ।"

मैंने उन्हें अपने आने का प्रयोजन बताया और कहा कि मुझे उनसे मिलने का परामर्श डॉ० कोहली ने दिया है।

अरुण जी को जैसे अवसर मिल गया। उन्होंने डॉ० कोहली को फ़ोन किया। उनसे बात करने के बाद अरुण जी मुझसे बोले। "तुम्हारा नाटक मैं छापने के लिए रख लेता हूं, किंतु यह अगले वर्ष ही छप पाएगा। इस वर्ष संभव नहीं है।"

मैं डॉ० कोहली के घर पहुँचा। विनोद ने बताया कि वे कॉलेज से जल्दी आ गए थे। उनके सिर में दर्द था। इसलिए सो रहे हैं... ।..ऐसे अवसरों पर मैं प्रायः चुपचाप लौट जाता हूँ, किंतु आज तो उन्हें शोक सभा में जाने के लिए स्मरण कराना था।

"साहब को जगाओ। कहो कि मैं आया हूँ।" मैंने विनोद से कहा और आ कर ड्रॉइंग रूम में बैठ गया।

"साहब कह रहे हैं कि उनकी तबीयत ठीक नहीं है। आज काम नहीं होगा।"

विनोद ने लौट कर बताया।

मैं धर्म-संकट में पड़ गया। यदि मैं उन्हें शोक-सभा के विषय में याद दिलाता हूँ तो वे मुझे डाँट तो नहीं देंगे? न याद दिलाया तो बाद में इस बात पर भी डाँट सकते हैं कि उनके कहने पर भी मैंने उन्हें याद क्यों नहीं दिलाया।...

अंततः मैंने गुरु-आज्ञा का पालन करना ही उचित समझा। विनोद से बोला, "साहब से कहो आज शोक-सभा में जाना तय हुआ था।"

अब की बार विनोद नहीं, डॉ० कोहली स्वयं नींद में से उठे हुए आए, "मैं तो बिल्कुल भूल ही गया था।"

वे हाथ-मुँह धोकर कुछ ताजा हुए।

"आपकी तबियत कैसी है?" मैंने पूछा।

"सिर में दर्द तो है, किंतु जाना भी आवश्यक है।" वे चलने के लिए तैयार हो गए, "आओ।"

हम ठीक चार बजे प्रीति विहार पहुँचे और शाम को आठ बजे के लगभग लौटे।

लौटते समय मैं निरंतर सोच रहा था...तबीयत ठीक न हो तो कोई भी व्यक्ति साठ किलोमीटर की यह यात्रा और चार घंटे लंबी और थका देने वाली यह सभा टाल ही जाता। ...और इन्हें तो सीधे कोई सूचना भी नहीं मिली थी। वे बाद में बड़ी सुगमता से अपनी असमर्थता जता कर, भले बने रह सकते थे...

तभी मुझे उनका ही एक कथन याद हो आया, "हमें स्वच्छ जीवन जीने का प्रदर्शन नहीं करना है, हमें वस्तुतः स्वच्छ जीवन जीना है।"

• • •

अरुण जी को डॉ० कोहली के घर आना था। मेरा नाटक 'जनता फ्लैट' अरुण जी के पास प्रकाशनाधीन रखा था। मैं उनकी वर्तमान स्थिति जानने के लिए अधीर था। डॉ० कोहली ने मुझे भी बुला लिया था।

अरुण जी दो बजे के आस-पास आए। जलपान के साथ चर्चा भी चल पड़ी। डॉ० कोहली कह रहे थे, "भारतीय प्रकाशक केवल बाल-साहित्य में ही चित्र छापना आवश्यक समझते हैं। यदि तुम 'धर्म' में पात्रों के कुछ चित्र भी प्रकाशित करो तो यह एक नया प्रयोग होगा।..." उन्होंने महेश्वरी जी को रूस तथा अन्य देशों

की छपी हुई हिन्दी तथा अंग्रेजी की अनेक ऐसी पुस्तकें दिखाईं, जिनमें पात्रों के रेखाचित्र बने हुए थे।

"किंतु चित्र बनवाने में समय बहुत लगेगा।" महेश्वरी जी बोले।

"अरे भाई!" डॉ० कोहली मुस्कराए, " 'धर्म' का 'स्वतंत्र भारत' में धारावाहिक प्रकाशन अभी हुआ है। सारे-के-सारे चित्र उपलब्ध हैं। तभी तो मेरे मन में यह योजना उपजी।"

महेश्वरी जी सहमत नहीं हो पा रहे थे।

डॉ० कोहली ने कहा, "यदि तुम नए प्रयोग करो तो संभव है कि तुम्हें सर्वश्रेष्ठ प्रकाशन का पुरस्कार मिले।"

महेश्वरी जी ठठाकर हँस पड़े, "पुरस्कारों की भली कही आपने। क्या आपको वे सारे पुरस्कार मिल चुके, जो आपके लेखन के कारण अब तक आपको मिल जाने चाहिए थे? यहाँ तो हालत यह है कि देने वाला कोई है नहीं और रोकने वाले अनेक हैं।"

डॉ० कोहली क्षण भर को संशयरहित भाव से मुस्कराए और बोले, "पहले जब कोई पुरस्कार मुझे मिलता था तो मैं सोचता था कि ईश्वर की कृपा से मुझे यह पुरस्कार मिला है। और जो पुरस्कार नहीं मिलता था, उसके विषय में सोचता था कि उसको रुकवाने के पीछे अमुक व्यक्ति का हाथ है। वह चयन-समिति में था और उसने मेरा नाम कटवा दिया। कुछ समय पश्चात् मैंने इस सत्य का साक्षात्कार किया कि जब दे 'वह' रहा है तो रोकने वाले नामवर सिंह कौन होते हैं। जो मिल रहा है, वह भगवान् की इच्छा से मिल रहा है तो जो नहीं मिल रहा है, वह भी भगवान् की ही इच्छा से नहीं मिल रहा है।"

मुझे लगा कि मेरे भीतर संपादकों, प्रकाशकों और मेरी असफलता के पीछे कार्य कर रहे व्यक्तित्वों के प्रति जो विष संचित था, जो कटुता समाई हुई थी, वह जैसे सारी घुलती जा रही थी। ठीक ही तो कह रहे थे वे, यदि हम यह मानते हैं कि जो कुछ घटित हो रहा है, वह ईश्वर की इच्छा से हो रहा है, तो यह कैसे संभव है कि ईश्वर की इच्छा के विरुद्ध प्रकाशक मुझे छपने से रोक लें। ईश्वर से अधिक समर्थ कोई प्रकाशक नहीं हो सकता...मेरी पुस्तकों का प्रकाशन, ईश्वर की इच्छा से ही रुका पड़ा है, और मेरे पास उसकी इच्छा के सम्मुख सिर झुकाने के सिवाय और कोई चारा नहीं है।...यह कैसी माया है, वह मुझसे लिखवा तो

रहा है, किंतु उसे छपवा नहीं रहा?...

आज भी जब मुझे कोई असफलता छू जाती है तो मेरे भीतर उनका वही वाक्य गूँज उठता है–"जब दे वह रहा है तो रोक कोई और कैसे सकता है?"

• • •

11

डॉ० कोहली के छोटे पुत्र अगस्त्य कोहली को 'इलिनाथ इंस्टिट्यूट ऑफ टैक्नॉलोजी (शिकागो)' में 'कंप्यूटर्स सिस्टम एंजिनीयरिंग' कोर्स में प्रवेश मिल गया था। वीज़ा बहुत देर से मिला था। जाने में मात्र एक सप्ताह शेष था और ढेर सारी तैयारी करनी थी। कभी टिकट, कभी विदेशी मुद्रा, कभी अटैची, कभी कपड़े, पढ़ने-लिखने की सामग्री...अन्य अनेक व्यस्तताएँ...पूरा परिवार अगस्त्य को अमरीका भेजने में जैसे जुटा हुआ था।

डॉ० कोहली ने सामान की एक सूची बनाई थी। वे उसमें निशान लगाते जा रहे थे कि कौन-कौन-सी वस्तुएँ ली जा चुकी हैं और कौन-सी रह गई हैं। इस बात का भी वे ध्यान रख रहे थे कि सारी आवश्यक वस्तुएँ आ भी जाएँ और उन वस्तुओं का भार निर्धारित सीमा से अधिक भी न हो।...वे अपनी चिंताओं की चर्चा मेरे सम्मुख कम ही किया करते थे, किंतु इन दिनों वे कुछ-न-कुछ कह दिया करते थे। हो सकता है कि अब वे मुझे अपनी चिंताओं में सहभागी बनने योग्य समझने लगे हों, अथवा वे केवल यह बताना चाहते थे कि उन का नियमित और व्यवस्थित लेखन इन दिनों प्रायः स्थगित क्यों है।

उन्हें इस बात की भी गंभीर चिंता थी कि उनका यह अठारह वर्ष का बालक, अकेला पृथ्वी के दूसरे छोर पर जा रहा था। जब वह वहाँ पहुँचेगा, रात का समय होगा। अपरिचित समाज। शिकागो में अपराध की बहुलता से संसार परिचित है।...अगस्त्य के पास दो बड़े-बड़े भारी सूटकेस थे। यात्रा, नागरिकता तथा प्रवेश-संबंधी महत्त्वपूर्ण दस्तावेज थे। नकद-राशि भी काफी थी। ऐसा न हो कि हवाई अड्डे से इंस्टिट्यूट पहुँचने तक में ही कोई दुर्घटना हो जाए। वे चाहते थे कि हवाई-अड्डे पर कोई परिचित और विश्वसनीय व्यक्ति उसकी अगवानी करे और उसे सुरक्षित हॉस्टल तक पहुँचा दे।...जब कोई व्यवस्था न हो सकी तो उन्होंने इंस्टीट्यूट के भारतीय छात्रों की एक संस्था से फ़ोन पर संपर्क किया। उन छात्रों

ने यह आश्वासन दिया कि वे अगस्त्य को लेने शिकागो हवाई-अड्डे पर अवश्य पहुँचेंगे। डॉ० कोहली तत्काल आश्वस्त, निश्चिंत तथा सुस्थिर दिखने लगे। पिता के रूप में इतने व्यस्त और आसक्त वे कम ही दिखाई देते थे, अन्यथा अपना दायित्व निभाते हुए स्थिर भाव से अपना कार्य करते रहते थे। अपनी इस अस्त-व्यस्तता में उन्होंने अपना लेखन-धर्म—जिसे वे सामान्यतः एक दिन के लिए भी टालना नहीं चाहते थे—सप्ताह भर के लिए स्थगित कर दिया था। पुत्र के विदेश-गमन ने उनकी एकाग्रता को काफ़ी डोला दिया था। जब मैं संध्या-समय उनके पास पहुँचता, तो वे लिखने की चर्चा न कर अगस्त्य के सामान की सूची पर दृष्टि डाल किसी समस्या की ही चर्चा करते। एक बड़े आयोजन की तैयारी में जैसे उनके घर की दिनचर्या रुक-सी गई थी।

सोचता हूँ तो लगता है, उन्हें मैंने पहले भी कभी-कभी इसी प्रकार विचलित देखा था...

गर्मियों में एक बार जब अगस्त्य अस्वस्थ हुआ था तो वे उसकी चिकित्सा में जुटे रहे थे। निश्चित समय पर उसे औषधी देना, कब, कितनी मात्रा में पथ्य देना है—इन सारी गतिविधियों पर ही उनका ध्यान केन्द्रित रहता था। ऐसी परिस्थिति में मैं जब भी उनके घर पहुँचा, उन्होंने कहा, "काम नहीं होगा।"

मुझे लगा कि ये केवल शांत एवं स्थिर मनः स्थिति होने पर ही लेखन में ध्यानस्थ हो सकते हैं। कोई व्यक्ति कष्ट में हो, तो वे विचलित हो जाते हैं। ऐसे लेखन से कहीं अधिक महत्त्वपूर्ण उनके लिए वह व्यक्ति हो उठता है—चाहे वह उनका भृत्य ही क्यों न हो। मैंने देखा है कि प्रत्येक सर्दी में वे विनोद को ऊनी-वस्त्र पहनने के लिए निरंतर उसी प्रकार टोकते रहते हैं, जिस प्रकार अपने बच्चों को कोई पिता कहता रहता है। विनोद जब भी अस्वस्थ होता है, वे उसे तत्काल दवाई दिला कर लाते हैं और उसके खान-पान इत्यादि को लेकर गंभीर हो उठते हैं। ऐसी स्थिति में जैसे उनके लिए पुत्र और भृत्य एक हो उठते हैं। उनके लिए उस समय उनकी सेवा-सुश्रूषा ही प्रधान हो जाती है।...

बात सेवा की ही नहीं शायद आवश्यकता की है। विनोद की इच्छा पढ़ने की थी तो उन्होंने उसको 'ओपन स्कूल' में प्रवेश दिलवाया। पुस्तकें उपलब्ध करवाईं। उसको पढ़ाने का दायित्व पूरे परिवार पर सौंपा।...चूँकि मैं विद्यालय में दसवीं कक्षा को पढ़ा रहा था और विनोद भी दसवीं में ही पढ़ रहा था, अतः मुझसे

भी विनोद के द्वारा लिखे जाने वाले प्रश्नों के उत्तरों के स्तर की जाँच-पड़ताल करने के लिए कहा।

...मुझे स्पष्ट दिखाई दे रहा था कि वे किसी को भी उसके स्वधर्म के विपरीत चलाने का या ले जाने का प्रयत्न नहीं करते। उसके विकास में उसके सहायक बनने का यथाशक्ति प्रयत्न करते हैं।...

• • •

मैं डॉ० कोहली के घर पहुँचा। एक सज्जन उनके पास आए बैठे थे। वे डॉ० कोहली से बातचीत करने में व्यस्त थे, और उन्हें 'सर' कह कर संबोधित कर रहे थे। संभवतः उनके कोई छात्र रहे हों—मैंने सोचा।

डॉ० कोहली ने मुझ से उनका परिचय कराया, "ये हैं—ज़फ़र संजरी। रंगकर्मी ज़फ़र संजरी।"

"यानी पेंटर।" मेरे मुँह से फिसला।

"अरे, नहीं भई।" डॉ० कोहली के स्वर में मेरे अज्ञान के प्रति शिकायत उभरी, "रंगकर्मी नहीं जानते?" इससे पहले कि मैं कुछ उत्तर देता वे ही बोले, "रंगकर्मी; अभिनय, निर्देशन, संगीत-निर्देशन, गायन—यानी रंगमंच से जुड़े सभी कार्य करता है। ज़फ़र ने मेरी राम-कथा का मंचन 'संघर्ष की ओर' नाम से किया था।"

ज़फ़र ने बड़े सम्मान से मुझ से हाथ मिलाया। किंतु उनका मन अपनी चर्चा में रमा हुआ था।

"मैं अपनी बात शुरू करूँ सर?" ज़फ़र ने अनुमति माँगी।

"हाँ, हाँ! बोलो!"

"मैं कहना चाह रहा था कि झूठ और बेईमानी करके संसार में लोगों की समृद्धि ही बढ़ती है। उनका घटता क्या है? वे ऐशो-आराम की जिंदगी जीते हैं।" ज़फ़र का स्वर आवेशपूर्ण प्रतिवाद लिए हुए था।

प्रश्न सुन कर डॉ० कोहली मुस्कराए और बोले, "पापाचार से धनार्जन करके आई समृद्धि तो तुम्हें दिखाई दी, किंतु दूसरी ओर आत्मा का जो पतन हुआ, वह तो तुमने देखा ही नहीं।"

"वह दिखाई कहाँ देता है। हम आत्मा के उस पतन की कल्पना कैसे करें? उसको कोई रूप तो देना ही होगा कि इस रूप में आत्मा का पतन होता है।"

ज़फ़र ने कहा।

डॉ० कोहली के मुख पर आध्यात्मिक चर्चा करने से पूर्व सदा प्रकट होने वाला

गंभीर भाव झलक उठा, "देखो, आत्मा को तुम वाष्प को ठंडा कर बनाया गया आसवित जल यानी 'डिस्टिल्ड वॉटर' समझो। जब भी हम कोई पापाचार करते हैं तो हमारा वह प्रत्येक कुकृत्य, आत्मा रूपी शुद्ध जल में मिट्टी के एक कण के रूप में जा मिलता है। वह स्वच्छ जल दुराचार के अनुपात में ही गदला होता जाता है, और एक ऐसी स्थिति आती है, जब यही गदला पानी कीचड़ में परिवर्तित हो जाता है। अब उस कीचड़ रूपी आत्मा को पुनः शुद्ध जल की स्थिति में लाना है। उससे मुक्ति नहीं है। उस शुद्धिकरण की प्रक्रिया में मनुष्य अनिश्चित काल तक विभिन्न जन्मों में भटकता है। अपनी आत्मा को दूषित करने में हम जितना तथाकथित सुख पाते हैं, उससे कहीं अधिक उस शुद्धिकरण का कष्ट उठाते हैं।

कबीर ने इसीलिए तो कहा है कि–

'ज्यों-की त्यों धर दीनी चदरिया।' "

ओह! तब मेरी समझ में आया कि बिना अवकाश के कॉलेज में अनुपस्थित होने में उन्हें अपनी कौन-सी हानि होती दिखाई दे रही थी।

• • •

अगस्त्य को अमरीका के लिए विदा कर दिया गया। किंतु घर की शांति और स्थिरता अभी नहीं लौटी थी। एक प्रकार की जिज्ञासा और आतुरता का भाव अब भी विद्यमान था। अब उनकी चिंता का प्रमुख कारण अगस्त्य के साथ कोई ऐसा संपर्क स्थापित करना था, जिससे उसका विस्तृत और संपूर्ण समाचार निरंतर प्राप्त होता रहे। यदि अगस्त्य उन्हें अधिक फ़ोन करता है तो विदेश में उसका सीमित धन बहुत जल्दी ख़र्च हो जाएगा। अपनी आवश्यकताओं के लिए धन कहाँ से लाएगा? वह तो विद्यार्थी है। उसकी कोई आय तो है नहीं। उसको दिया गया प्रत्येक डॉलर भारतीय मुद्रा देकर खरीदा गया था। यदि वह पत्र लिखता है तो उसमें दस-बारह दिन एक ओर से लग जाएँगे। किसी भी जिज्ञासा की शांति में एक महीना लग जाया करेगा।...

अंततः अगस्त्य ने स्वयं ही समाधान दिया। विद्यार्थी के रूप में उसके पास 'ई-मेल' (इलेक्ट्रॉनिक मेल) निःशुल्क थी। वह जितने पत्र चाहे भेज सकता था। पर कहाँ भेजे। भारत में बहुत कम लोगों के पास 'ई-मेल' की सुविधा उपलब्ध थी। ...फिर भी अगस्त्य ने तीन-चार ठिकाने ऐसे खोज लिए थे जहाँ वह अपने संदेश भेजता रहता था।

किंतु डॉ० कोहली को इससे संतोष नहीं था। वे उसे और भी सुगम करना चाहते थे।...अंततः यह निर्णय लिया गया कि 'ई-मेल' की व्यवस्था अपने घर में ही कर ली जाए। यह सब व्यवस्था करने में दो-तीन सप्ताह बीत गए और इस बीच भी उनकी एकाग्रता बार-बार भंग होती रही। अगस्त्य का कोई संदेश आ जाता था तो उसके अनुसार व्यवस्था करनी पड़ती थी। उसे उत्तर भिजवाना होता था...

"आपने अगस्त्य को विदेश क्यों भेजा?" उन्हें इस प्रकार व्यस्त देखकर, मैंने पूछ ही लिया।

"मैं कब उसे विदेश भेजना चाहता था।" वे बोले, "मैं तो चाहता था कि वह यहीं पढ़े। हमारे पास रहे।...किंतु उसकी इच्छा अपने ढंग की शिक्षा प्राप्त करने की थी, और वह उसे अमरीका में ही प्राप्त हो सकती थी। उसके लिए उसने सारे प्रयत्न स्वयं अपने दम पर किए, और जब उसने उनकी सारी प्रतियोगिताओं और परीक्षाओं को उत्तीर्ण कर वहाँ दाखिला पा लिया तो हम से उसने अपेक्षित धन की इच्छा की...हम दोनों ने अपनी-अपनी भविष्य-निधि से राशि निकलवाई। कुछ इधर-उधर से पैसा बटोरा और उसे दे दिया। मैं उसके माध्यम से अपनी महत्त्वाकांक्षाएँ पूरी करने के स्वप्न नहीं देखता, न पिता के अधिकार से उसका विकास रोकना चाहता हूँ।...पिता के रूप में जो दायित्व मेरा है—उसे तो पूरा करना होगा। जब मेरी क्षमता से अधिक माँगेगा तो मना करना होगा, अन्यथा माता-पिता के पास जो कुछ है, संतान का ही होता है।"

"किंतु इतने वर्षों का समय...वह चार वर्षों तक लौटेगा ही नहीं?"

"धन की बात है। जुटा पाएगा तो मिलने आएगा, नहीं तो चार वर्षों तक वहीं रहेगा। पढ़ाई करेगा।"

अब तक मोह ग्रस्त लगने वाला पिता, अकस्मात् ही मुझे अत्यंत निर्मोही दीखने लगा था।

"इतने लंबे समय तक पुत्र को इतनी दूर रखना कष्टदायक नहीं है क्या?"

"अपना मोह देखूँ या पुत्र का भविष्य।" वे मेरे प्रश्न को समझ गए थे। बोले, "प्रसाद की एक उक्ति है न, 'महत्त्वाकाँक्षा का मोती, निष्ठुरता की सीप में पलता है।' कई बार अपने प्रिय जनों का हित-साधने के लिए प्रेम, मोह इत्यादि भावनाओं के प्रति कठोर तो होना ही पड़ता है।"

मुझे लगा कि डॉ० कोहली जिस प्रकार अपने विद्यार्थियों का उनके स्वधर्म के अनुसार विकास चाहते हैं, ठीक उसी प्रकार वे अपने पुत्रों का भी मुक्त विकास चाहते हैं। वे अपनी महत्त्वाकाँक्षाएँ और अपेक्षाएँ अपनी संतान पर भी आरोपित नहीं करते।

• • •

संयोग ही था कि अगस्त्य को गए अभी दो महीने ही हुए थे कि श्रीमती कोहली को न्यूयॉर्क की कोलंबिया यूनिवर्सिटी से हिन्दी पढ़ाने का एक अल्पकालिक निमंत्रण मिला। डॉ० कोहली पुनः उसी व्यस्तता में घिर गए, जिसमें वे दो माह

पूर्व घिरे थे। अब की बार व्यस्तता ही अधिक थी, चिंता अथवा अस्थिरता नहीं।

"सर! अगस्त्य को भेजते समय आप अधिक चिंतित थे, किंतु इन्हें भेजते समय आप सामान्य हैं। इसका क्या कारण है? क्या आपको नहीं लगता कि घर सूना-सूना लगेगा?" अपने भीतर उठने वाले इस प्रश्न कों जब मैं रोक नहीं पाया तो पूछ बैठा।

वे ठठाकर हँस दिए और बोले, "क्यों भाई, क्या तुम यह कहना चाहते हो कि मैं अपनी पत्नी से प्रेम नहीं करता।"

"मेरा अभिप्राय यह नहीं था, सर!" मैं संकुचित हो उठा।

मेरी स्थिति को समझते हुए वे गंभीर हो उठे। उनका स्वर यह कह रहा था कि वे अब से पूर्व केवल परिहास कर रहे थे, "देखो, मधुरिमा और अगस्त्य के विदेश-गमन में पर्याप्त अंतर है।...अगस्त्य वहाँ विद्या प्राप्त करने गया है। वह बालक है और आर्थिक रूप से आश्रित भी है। जिस समय उसे अमरीका पहुँचना था, तब तक वहाँ उसकी सहायता के लिए कोई नहीं था। अब तो उसके मित्र भी बन गए हैं।...मधुरिमा को वहाँ नौकरी करने के लिए बुलाया गया है। वहाँ उसे वेतन मिलेगा। अगस्त्य का तो भविष्य उस यात्रा के साथ जुड़ा था, मधुरिमा के साथ ऐसी कोई बात नहीं है।"

"लेकिन रहने की समस्या?"

"वह जहाँ-जहाँ जाएगी, वहाँ-वहाँ उसकी अगवानी करने कोई-न-कोई सगा संबंधी अथवा मित्र पहुँचा होगा। जहाँ अगस्त्य को जाना था, वहाँ ये सुविधाएँ नहीं थीं।" वे थोड़ा रुके और जैसे कुछ कल्पना करते हुए बोले, "हालाँकि मधुरिमा जहाँ जा रही है, वह स्थान अगस्त्य से दूर है, किंतु उसी देश में है। सुविधा से वह अगस्त्य से मिल सकेगी।"

• • •

हम अभी यहीं तक पहुँचे हैं। भगवान् ही जाने भविष्य के गर्भ में क्या है। मैं नहीं कह सकता कि मैंने उन्हें पूरी तरह जान लिया है, या उनसे जो कुछ सीखना था, वह सीख लिया है।...मैं कह नहीं सकता कि उनका व्यक्तित्व अपनी संपूर्णता में क्या है।

कॉलेज में हमारे अध्यापक श्री ज्ञानेन्द्र वर्मा प्रायः कहा करते थे कि डॉ० नरेन्द्र कोहली उपन्यासकार, व्यंग्यकार, कहानीकार, नाटककार और एक अच्छे अध्यापक

हैं।...किंतु मेरा मन यहीं तक रुकना नहीं चाहता...वे कुछ और भी हैं। उनके संबंध और रिश्ते यहीं समाप्त नहीं होते...वे पिता भी हैं, पति भी हैं, मित्र भी हैं और वे अपने छात्रों, भूतपूर्व छात्रों और शिष्य-भाव से आए अन्य लोगों का निरंतर अपेक्षित मार्गदर्शन करने वाले गुरु भी हैं। अपने अधिकारों के प्रति वे पर्याप्त सजग हैं, किंतु कर्तव्य उनके लिए अधिकारों से भी अधिक महत्त्वपूर्ण है...जो दायित्व उन्होंने स्वीकार कर लिया अथवा जो दायित्व उन पर आ पड़ा, वह उनका धर्म हो जाता है। शायद उनके जीवन का मूलमंत्र स्वामी विवेकानंद के शब्दों में ही व्यक्त किया जा सकता है :

"प्रत्येक कर्तव्य पवित्र है और अपने कर्तव्य के लिए निष्ठा ईश्वरोपासना का उच्चतम रूप है।"

31 दिसंबर, 1993